高等职业教育公共课精品教材

"互联网+"新形态立体化教学资源特色教材

普通话口语训练教程

(第二版)

主　编　常　晋　李　洁
副主编　吴　敏　佘颖玲　魏　华　胡云磊
参　编　杨秋玉　鲁　敏　胡　敏

中国轻工业出版社

图书在版编目（CIP）数据

普通话口语训练教程/常晋，李洁主编. —2版. —北京：中国轻工业出版社，2025.10
高等职业教育公共课精品教材
ISBN 978-7-5184-4983-5

Ⅰ.①普… Ⅱ.①常…②李… Ⅲ.①普通话—口语—高等职业教育—教材 Ⅳ.①H193.2

中国国家版本馆 CIP 数据核字（2024）第 102829 号

责任编辑：刘 晶
策划编辑：张文佳 李金慧　　责任校对：朱 慧 朱燕春　　封面设计：锋尚设计
责任终审：高惠京　　　　　　版式设计：致诚图文　　　　　责任监印：张 可

出版发行：中国轻工业出版社（北京鲁谷东街5号，邮编：100040）
印　　刷：三河市国英印务有限公司
经　　销：各地新华书店
版　　次：2025年10月第2版第2次印刷
开　　本：787×1092 1/16 印张：12.25
字　　数：240千字
书　　号：ISBN 978-7-5184-4983-5 定价：39.80元
邮购电话：010-85119873
发行电话：010-85119832 010-85119912
网　　址：http://www.chlip.com.cn
Email：club@chlip.com.cn
版权所有　侵权必究
如发现图书残缺请与我社邮购联系调换
251839J2C202ZBW

第二版前言

推广普及国家通用语言文字是宪法规定的责任。同时，我国地域辽阔，人口众多，各地都有属于自己的方言。在市场经济大发展的今天，无论是社会发展还是个人交往，推广普及普通话都有利于增进各民族各地区的交流，有利于维护国家统一，有利于增强中华民族凝聚力。

本书在第一版的基础上，根据国家语委普通话与文字应用培训测试中心编制的2021版《普通话水平测试实施纲要》（以下简称《纲要》）内容，结合高职高专人才培养目标及要求，遵循高职高专教育教学特点，同时吸纳新进的研究成果和实践经验，新编了普通话水平测试指导用书《普通话口语训练教程（第二版）》，本书具有较强的科学性和实用性。

本书内容主要包括：普通话概述、普通话语音知识、普通话朗读、命题说话、选择判断题型测试相关文件等内容。在编排上，本书注重理论与实践相结合，意在提高学生的学习主动性、激发学习兴趣，加强学生对普通话的了解，提高普通话水平并掌握相关口语交际的技巧。

由于编者水平有限，书中难免有疏漏和不当之处，恳请读者直言赐教，批评指正，以便教材进一步完善。

编者

第一版前言

高职高专的培养目标是培养社会一线需要的人才，即技术技能型人才，以此来适应经济迅速腾飞的中国对人才的需要。"以服务为宗旨，以就业为导向，走产学研结合的发展道路"成为高职高专教育发展的理论导航。

我国地域辽阔，人口众多，各地都有属于自己的方言。在市场经济大发展、国家全面建设小康社会的今天，无论是社会发展还是个人交往，推广普及普通话都有利于增进各民族各地区的交流，有利于维护国家统一，有利于增强中华民族的凝聚力。

随着改革开放和社会主义市场经济的发展，社会对普及普通话的需求日趋明显。推广普及普通话，营造良好的语言环境，有利于促进人员交流，有利于商品流通和培育统一的大市场。

语言文字能力是文化素质的基本内容，推广普及普通话是素质教育的重要内容。推广普及普通话有利于贯彻教育要面向现代化、面向世界、面向未来的战略方针，有利于弘扬祖国优秀传统文化和爱国主义精神，有利于提高全民族的科学文化素质。

在编排上，本书注重理论与实践相结合，采用案例教学模式，突出学生实践练习的环节，意在提高学生的学习兴趣，加强学生对普通话的了解，从而提高学生的普通话水平。全书共有五章，系统地讲述了普通话基本语音知识、朗读短文、命题说话等相关题型的知识。

本书可作为高职高专院校公共基础课教材，也可作为广大青年朋友学习普通话的参考用书。

在编写本教材的过程中，我们参考了一些口才学界同人的著作，并引用了他人很多相关的口才训练材料，在此表示衷心感谢。

由于水平有限，书中难免有疏漏和不当之处，恳请读者直言赐教、批评指正，以便教材进一步完善。

编者

目 录

- 第一章 普通话概述 1
  - 第一节 推广普通话的意义 1
  - 第二节 普通话水平测试简介 3
  - 第三节 普通话水平测试大纲 3
- 第二章 普通话语音知识 12
  - 第一节 音节 12
  - 第二节 声母 15
  - 第三节 韵母 28
  - 第四节 声调 42
  - 第五节 语流音变 49
- 第三章 普通话朗读 63
  - 第一节 朗读的基础知识 63
  - 第二节 普通话水平测试朗读作品 67
- 第四章 命题说话 87
  - 第一节 命题说话测试要点 87
  - 第二节 命题说话常见困难与应对方法 90
  - 第三节 普通话水平测试用话题分析 92
- 第五章 选择判断题型测试相关文件 95
  - 第一节 普通话水平测试用普通话与方言词语对照表（节选） 95
  - 第二节 普通话水平测试用普通话与方言常见语法差异对照表 110
  - 第三节 普通话水平测试用普通话常见量词名词搭配 139
- 附录1 容易读错的字 142
- 附录2 普通话水平测试用必读轻声词语表 156
- 附录3 普通话水平测试用儿化词语表 166
- 附录4 普通话水平测试模拟试题 172
- 参考文献 187

第一章　普通话概述

第一节　推广普通话的意义

一、什么是普通话

普通话是以北京语音为标准音，以北方话为基础方言，以典范的现代白话文著作为语法规范的现代汉民族共同语，是全国通用的语言。

从语音上看，普通话以北京语音为标准音，但这并不意味着北京人日常口语中所有的语音成分都可以作为普通话的语音标准和语音参照。这里的"北京语音"是指北京的语音系统，即北京话的声、韵、调系统，不包括北京话中带有地方色彩的语音成分。

从词汇上看，普通话以北方话为基础方言。"北方话"中的"北方"，不是地理意义上的"北方"，而是一个方言分区意义上的"北方"。北方话分布的区域很大，大致可以包括我国的东北地区、华北地区、西北地区、西南地区和江淮地区，在不同的地区又形成了"次方言"。使用北方话的人口大约占汉族总人口的四分之三。北方话的词汇系统在各地的差异相对较小，适合作为普通话词汇的基础。

从语法上看，普通话以典范的现代白话文著作为语法规范。"白话"与"文言"相对，用白话写成的文章，遣词造句的方式和行文风格跟人们日常交际所用的口语基本上一致，语法的规范程度比口语更高，以书面的形式存在，更有利于人们学习和掌握。

二、推广普通话的意义

历史上，人们非常重视民族共同语的作用。早在春秋时期出现的"雅言"，就带有民族共同语的性质。《论语》里记载"子所雅言,诗、书、执礼,皆雅言也"。可见孔子在诵读诗书和执行礼仪活动时,使用的是通行的"雅言",而不是使用自己的家乡话山东话。汉代扬雄的《方言》中提到的"通语",明清时期使用的"官话",都可以看作是当时的共同语。20世纪初的"国语运动",实际上也是一场推广民族共同语的运动。中华人民共和国成立以后,党和政府非常重视推广普通话的工作,在中国科学院语言研究所筹备下,1955年召开了现代汉语规范问题学术会议,征求各方面专家的意见,正式确定普通话为汉民族共同语。在"大力提倡、重点推行、逐步普及"的工作方针指导下,我国推广普通话工作蓬勃开展。1986年,为了适应改革开放、经济建设和社会发展的需要,国家把推广普通话列为新时期语言文字工作的首要任务。1992年,国家把推广普通话工作方针调整为"大力推行、积极普及、逐步提高",在强化政府行为、扩大普及范围、提高全民普通话应用水平方面提出了更高的要求。1994年,国家语言文字工作委员会、国家教育委员会、广播电影电视部联合发出文件,要求在一定范围内对某些特定岗位人员进行普通话水平测试,并逐步实行持普通话等级证书上岗制度,使推广普通话工作进一步走上了科学化、规范化和制度化的轨道。2000年10月31日,第九届全国人民代表大会常务委员会第18次会议通过了《中华人民共和国国家通用语言文字法》,推广普通话工作从此有了法律依据。

今天,在建设中国特色社会主义现代化的历史进程中,大力推广、积极普及全国通用的普通话,对于社会主义经济、政治、文化建设都具有重要意义。

第一,推广普及普通话,有利于促进人员交流和商品流通,有利于建立统一的市场,对经济建设的意义不容忽视。随着社会主义市场经济的发展,全国各地的人员和商品流动的范围、规模以及频度远远超过历史上任何时候,社会对普通话的需求日益迫切。

第二,我国幅员辽阔、人口众多,具有多民族、多语言、多方言的特点,而且对外开放政策使我国的国际往来也越来越多。推广普及普通话,有利于消除语言隔阂,增进各民族各地区的交流,维护国家统一,增强中华民族凝聚力;有利于促进国际交往,对政治建设意义重大。

第三,语言文字是文化的重要载体。在社会主义现代化建设的新时期,文化教育的普及和提高、信息传播技术的进步和发展、计算机语言输入和语言识别问题的研究,都对推广普通话提出了新的要求。推广普及普通话,有利于贯彻教育面向现代化、面向世界、面向未来的战略方针,提高民族文化素质和加强社会主义精神文明建设;有利于推动中文信息处理技术的发展和应用,促进科学技术的现代化,实现文化和科技事业的发展。

第二节　普通话水平测试简介

普通话是现代汉语共通的交际口语与书面语。1955年10月相继召开的全国文字改革会议和现代汉语规范问题学术会议，从语言的三要素语音、词汇、语法三个方面为普通话下了科学的定义：普通话是以北京语音为标准音，以北方方言为基础方言，以典范的现代白话文著作为语法规范的现代汉民族共同语。2001年1月1日，《中华人民共和国国家通用语言文字法》颁布施行，确立了普通话和规范汉字的"国家通用语言文字"的法定地位。

《中华人民共和国宪法》规定"国家推广全国通用的普通话"。《中华人民共和国国家通用语言文字法》规定："地方各级人民政府及其有关部门应当采取措施，推广普通话和推行规范汉字。"使用国家通用的语言文字，是每个公民应当享有的权利和应当履行的义务。我们应该增强国家和民族语言意识，说好普通话。

普通话水平测试是推广普通话工作的重要组成部分，是使推广普通话工作逐步走向制度化、科学化、规范化的重要举措。开展测试的目的不仅仅是评定应试人普通话水平等级，更重要的是促进普通话的普及，并在普及的基础上逐步提高全社会的普通话水平。普通话水平测试工作的健康开展必将对社会语言生活，对我国政治、经济、文化、教育、科学事业的发展，对社会主义现代化建设产生深远的影响。

第三节　普通话水平测试大纲

（教育部　国家语委发教语用〔2003〕2号文件）

根据教育部、国家语言文字工作委员会发布的《普通话水平测试管理规定》《普通话水平测试等级标准》，制定本大纲。

（一）测试的名称、性质、方式

本测试定名为"普通话水平测试"（PUTONGHUA SHUIPING CESHI，缩写为PSC）。

普通话水平测试测查应试人的普通话规范程度、熟练程度，认定其普通话水平等级，属于标准参照性考试。本大纲规定测试的内容、范围、题型及评分系统。

普通话水平测试以口试方式进行。

（二）测试内容和范围

普通话水平测试的内容包括普通话语音、词汇和语法。

普通话水平测试的范围是国家测试机构编制的《普通话水平测试用普通话词语表》《普通话水平测试用普通话与方言词语对照表》《普通话水平测试用普通话与方言常见语法差异对照表》《普通话水平测试用朗读作品》《普通话水平测试用话题》。

（三）试卷构成和评分

试卷包括5个组成部分，包括读单音节字词、读多音节词语、选择判断、朗读短文和命题说话，满分为100分。

(1) 读单音节字词（100个音节，不含轻声、儿化音节），限时3.5分钟，共10分。

评分要素及评分规则要求如下。

① 语音错误：扣0.1分/音节。

② 语音缺陷：扣0.05分/音节。

③ 超时：扣0.5分（一分钟以内）；扣1分（一分钟以上，含一分钟）。

(2) 读多音节词语（100个音节），限时2.5分钟，共20分。

评分要素及评分规则要求如下。

① 语音错误：每个音节扣0.2分。

② 语音缺陷：每个音节扣0.1分。

③ 超时一分钟以内，扣0.5分；超时一分钟以上（含一分钟），扣1分。

(3) 选择判断，限时3分钟，共10分。

评分要素及评分规则要求如下。

① 词语判断：判断错误扣0.25分/组；语音错误扣0.1分/音节（如判断错误已扣分，不重复扣分）。

② 量词、名词搭配：判断错误扣0.5/组；语音错误扣0.1分/音节（如判断错误已扣分，不重复扣分）。

③ 语序或表达形式判断：判断错误扣0.5/组；语音错误扣0.1分/音节（如判断错误已扣分，不重复扣分）。

④ 超时：扣0.5分（一分钟以内）；扣1分（一分钟以上，含一分钟）。

(4) 朗读短文（1篇，400个音节），限时4分钟，共30分。

评分要素及评分规则要求如下。

① 每错一个音节，扣0.1分；漏读或增读1个音节，扣0.1分。

② 声母或韵母的系统性语音缺陷，视程度扣 0.5 分、1 分。

③ 语调偏误，视程度扣 0.5 分、1 分、2 分。

④ 停连不当，视程度扣 0.5 分、1 分、2 分。

⑤ 朗读不流畅（包括回读），视程度扣 0.5 分、1 分、2 分。

⑥ 超时扣 1 分。

(5) 命题说话，限时 3 分钟，共 30 分。

（四）应试人普通话水平等级的确定

国家语言文字工作部门发布的《普通话水平测试等级标准》是确定应试人普通话水平等级的依据。测试机构根据应试人的测试成绩确定其普通话水平等级，由省、自治区、直辖市以上语言文字工作部门颁发相应的普通话水平测试等级证书。

普通话水平划分为三个级别，每个级别内划分两个等级。其中：

97 分及其以上，为一级甲等；

92 分及其以上但不足 97 分，为一级乙等；

87 分及其以上但不足 92 分，为二级甲等；

80 分及其以上但不足 87 分，为二级乙等；

70 分及其以上但不足 80 分，为三级甲等；

60 分及其以上但不足 70 分，为三级乙等。

*说明：各省、自治区、直辖市语言文字工作部门可以根据测试对象或本地区的实际情况，决定是否免测"选择判断"测试项。如免测此项，"命题说话"测试项的分值由 30 分调整为 40 分。评分档次不变，具体分值调整如下。

(1) 语音标准程度的分值，由 20 分调整为 25 分。

一档：扣 0 分、1 分、2 分。

二档：扣 3 分、4 分。

三档：扣 5 分、6 分。

四档：扣 7 分、8 分。

五档：扣 9 分、10 分、11 分。

六档：扣 12 分、13 分、14 分。

(2) 词汇语法规范程度的分值，由 5 分调整为 10 分。

一档：扣 0 分。

二档：扣 1 分、2 分。

三档：扣 3 分、4 分。

(3) 自然流畅程度，仍为 5 分，各档分值不变。

普通话水平测试样卷（一份）

（一）读单音节字词（100个音节，共10分，限时3.5分钟）

郝 缺 瓷 酸 捺 虞 坑 概 选 仕
耳 滕 苍 粉 遍 垮 谈 热 品 熊
掳 赛 虫 擀 房 拐 凑 铡 永 踞
黑 弱 修 鼎 裘 端 准 腭 龚 抿
群 搜 船 笔 渍 蛙 绫 诏 奎 绢
拈 甩 碟 郡 皇 嫩 翁 帛 家 挓
略 雅 票 乳 颇 外 嗓 臻 雪 迸
沏 魂 幂 脑 宽 甜 寡 鬃 窦 姬
坐 柔 秒 杯 冷 安 腿 尊 凡 柯
存 瞥 水 酿 爽 眸 药 产 绛 迟

（二）读多音节词语（100个音节，共20分，限时2.5分钟）

把握 风格 越野 森林 飞快 春节
子孙 扭转 音像 昆仑 老伴儿 花生
诺言 旅游 奔跑 恰当 摧残 整理
空中 石榴 地铁 下旬 圆场 欢呼
绝活儿 审美 赞扬 穷苦 露馅儿 关怀
矮小 包袱 温差 窘迫 发财 组装
拳头 日程 玩耍 沉思 儿女 荧光屏
创制 模特儿 曲调 仍然 奥运会 名列前茅

（三）选择判断（共10分，限时3分钟）

1. 词语判断：请判断并读出下列各组中的普通话词语

（1）暗中 暗头里 暗肚里

（2）大手节头 大拇指 手指公 大指拇

（3）肥皂 番碱 胰子油

（4）翅翻 翼胛 翅膀 翼股

（5）无想着 想唔倒 估唔到 不料

（6）两公婆 翁姥 夫妻 两马老子

（7）角落头 角下里 角头 角落

（8）滚水 开水 滚汤

（9）店头 商店 铺头 店欤

（10）土豆 洋山芋 薯仔 洋芋头

2. 量词、名词搭配：请搭配并读出下列符合普通话规范的数量名短语（例如：一条鱼）

　　字典　筷子　道路　桌子　账　眼睛　信息　城市　光盘　桥
　　　　本　双　所　张　座　条

3. 语序或表达形式判断：请判断并读出下列各组中的普通话语句

（1）A. 这座山有一千九百五十米高。

B. 这座山有千九五米高。

C. 这座山有一千九五米高。

（2）A. 把书把给他。

B. 把书给他。

C. 把书把他。

（3）A. 这凳子会坐得三个人。

B. 这凳子坐得三个人。

C. 这凳子能坐三个人。

D. 这凳子会坐三个人。

（4）A. 雪白白的

B. 雪雪白的

C. 雪白雪白的

（5）A. 在黑板上写字。

B. 搁黑板上写字。

C. 跟黑板上写字。

（四）朗读短文（400个音节，共30分，限时4分钟）

　　照北京的老规矩，春节差不多在腊月的初旬就开始了。"腊七腊八，冻死寒鸦"，这是一年里最冷的时候。在腊八这天，家家都熬腊八粥。粥是用各种米，各种豆，与各种干果熬成的。这不是粥，而是小型的农业展览会。

　　除此之外，这一天还要泡腊八蒜。把蒜瓣放进醋里，封起来，为过年吃饺子用。到年底，蒜泡得色如翡翠，醋也有了些辣味，色味双美，使人忍不住要多吃几个饺子。在北京，过年时，家家吃饺子。

孩子们准备过年，第一件大事就是买杂拌儿。这是用花生、胶枣、榛子、栗子等干果与蜜饯掺和成的。孩子们喜欢吃这些零七八碎儿。第二件大事是买爆竹，特别是男孩子们。恐怕第三件事才是买各种玩意儿——风筝、空竹、口琴等。

孩子们欢喜，大人们也忙乱。他们必须预备过年吃的、喝的、穿的、用的，好在新年时显出万象更新的气象。

腊月二十三过小年，差不多就是过春节的"彩排"。天一擦黑儿，鞭炮响起来，便有了过年的味道。这一天，是要吃糖的，街上早有好多卖麦芽糖与江米糖的，糖形或为长方块或为瓜形，又甜又黏，小孩子们最喜欢。

过了二十三，大家更忙。必须大扫除一次，还要把肉、鸡、鱼、青菜、年糕什么的都预备充足——店//铺多数正月初一到初五关门，到正月初六才开张。

（五）命题说话（请在下列话题中任选一个，共30分，限时3分钟）

1. 我喜欢的美食
2. 学习普通话（或其他语言）的体会

普通话水平测试等级标准（试行）

（国家语言文字工作委员会1997年12月5日颁布，国语〔1997〕64号）

一　级

甲等　朗读和自由交谈时，语音标准，词汇、语法正确无误，语调自然，表达流畅。测试失分率在3%以内。

乙等　朗读和自由交谈时，语音标准，词汇、语法正确无误，语调自然，表达流畅。偶然有字音、字调失误。测试总失分率在8%以内。

二　级

甲等　朗读和自由交谈时，声韵调发音基本准确，语调自然，表达流畅。少数难点音（平翘舌音、前后鼻尾音、边鼻音等）有时出现失误。词汇、语法极少有误。测试总失分率在13%以内。

乙等　朗读和自由交谈时，个别调值不准，声韵母发音有不到位现象。难点音较多（平翘舌音、前后鼻尾音、边鼻音、fu-hu、z-zh-j、送气不送气、i-ü不分，保留浊塞音、浊塞擦音、丢介音、复韵母单化音等），失误较多。方言语调不明显。有使用方言词、方言语法的情况。测试总失分率在20%以内。

三　级

甲等　朗读和交谈时，声韵母发音失误较多，难点音超出常见范围，声调调值多不准。方言语调较明显。词汇、语法有失误。测试总失分率在30%以内。

乙等　朗读和自由交谈时，声韵调发音失误较多，方音特征突出。方言语调明显。词汇、语法失误较多。外地人听其谈话有听不懂情况。测试总失分率在40%以内。

普通话水平测试管理规定

（中华人民共和国教育部令　第51号）

第一条　为规范普通话水平测试管理，促进国家通用语言文字的推广普及和应用，根据《中华人民共和国国家通用语言文字法》，制定本规定。

第二条　普通话水平测试（以下简称测试）是考查应试人运用国家通用语言的规范、熟练程度的专业测评。

第三条　国务院语言文字工作部门主管全国的测试工作，制定测试政策和规划，发布测试等级标准和测试大纲，制定测试规程，实施证书管理。

省、自治区、直辖市人民政府语言文字工作部门主管本行政区域内的测试工作。

第四条　国务院语言文字工作部门设立或者指定国家测试机构，负责全国测试工作的组织实施、质量监管和测试工作队伍建设，开展科学研究、信息化建设等，对地方测试机构进行业务指导、监督、检查。

第五条　省级语言文字工作部门可根据需要设立或者指定省级及以下测试机构。省级测试机构在省级语言文字工作部门领导下，负责本行政区域内测试工作的组织实施、质量监管，设置测试站点，开展科学研究和测试工作队伍建设，对省级以下测试机构和测试站点进行管理、监督、检查。

第六条　各级测试机构和测试站点依据测试规程组织开展测试工作，根据需要合理配备测试员和考务人员。

测试员和考务人员应当遵守测试工作纪律，按照测试机构和测试站点的组织和安排完成测试任务，保证测试质量。

第七条　测试机构和测试站点要为测试员和考务人员开展测试提供必要的条件，合理支付其因测试工作产生的通信、交通、食宿、劳务等费用。

第八条　测试机构和测试站点应当健全财务管理制度，按照标准收取测试费用。

第九条　测试员分为省级测试员和国家级测试员，具体条件和产生办法由国家测试机构另行规定。

第十条 以普通话为工作语言的下列人员，在取得相应职业资格或者从事相应岗位工作前，应当根据法律规定或者职业准入条件的要求接受测试：

（一）教师；

（二）广播电台、电视台的播音员、节目主持人；

（三）影视话剧演员；

（四）国家机关工作人员；

（五）行业主管部门规定的其他应该接受测试的人员。

第十一条 师范类专业、播音与主持艺术专业、影视话剧表演专业以及其他与口语表达密切相关专业的学生应当接受测试。

高等学校、职业学校应当为本校师生接受测试提供支持和便利。

第十二条 社会其他人员可自愿申请参加测试。

在境内学习、工作或生活3个月及以上的港澳台人员和外籍人员可自愿申请参加测试。

第十三条 应试人可根据实际需要，就近就便选择测试机构报名参加测试。

视障、听障人员申请参加测试的，省级测试机构应积极组织测试，并为其提供必要的便利。视障、听障人员测试办法由国务院语言文字工作部门另行制定。

第十四条 普通话水平等级分为三级，每级分为甲、乙两等。一级甲等须经国家测试机构认定，一级乙等及以下由省级测试机构认定。

应试人测试成绩达到等级标准，由国家测试机构颁发相应的普通话水平测试等级证书。

普通话水平测试等级证书全国通用。

第十五条 普通话水平测试等级证书分为纸质证书和电子证书，二者具有同等效力。纸质证书由国务院语言文字工作部门统一印制，电子证书执行《国家政务服务平台标准》中关于普通话水平测试等级证书电子证照的行业标准。

纸质证书遗失的，不予补发，可以通过国家政务服务平台查询测试成绩，查询结果与证书具有同等效力。

第十六条 应试人对测试成绩有异议的，可以在测试成绩发布后15个工作日内向原测试机构提出复核申请。

测试机构接到申请后，应当在15个工作日内作出是否受理的决定。如受理，须在受理后15个工作日内作出复核决定。

具体受理条件和复核办法由国家测试机构制定。

第十七条 测试机构徇私舞弊或者疏于管理,造成测试秩序混乱、作弊情况严重的,由主管的语言文字工作部门给予警告、暂停测试资格直至撤销测试机构的处理,并由主管部门依法依规对直接负责的主管人员或者其他直接责任人员给予处分;构成犯罪的,依法追究刑事责任。

第十八条 测试工作人员徇私舞弊、违反测试规定的,可以暂停其参与测试工作或者取消测试工作资格,并通报其所在单位予以处理;构成犯罪的,依法追究刑事责任。

第十九条 应试人在测试期间作弊或者实施其他严重违反考场纪律行为的,组织测试的测试机构或者测试站点应当取消其考试资格或者考试成绩,并报送国家测试机构记入全国普通话水平测试违纪人员档案。测试机构认为有必要的,还可以通报应试人就读学校或者所在单位。

第二十条 本规定自 2022 年 1 月 1 日起施行。2003 年 5 月 21 日发布的《普通话水平测试管理规定》(教育部令第 16 号)同时废止。

第二章 普通话语音知识

第一节 音　节

一、普通话音节概念

音节是语音的基本结构单位,由一个或几个音素按一定规律组合而成,也是自然感到的最小语音片段。汉语中一个汉字表示一个音节,只有儿化词如"盆儿""花儿"等是两个汉字读成一个音节。

二、普通话音节的结构

普通话音节一般由声母、韵母、声调3部分组成,韵母内部又分韵头、韵腹、韵尾。

普通话音节结构分析表

例字	结构						
	声母	韵母				声调	
		韵头	韵腹	韵尾		调类	调值
				元音	辅音		
快 kuài	k	u	a	i		去声	51
吼 hǒu	h		o	u		上声	214
掠 lüè	l	ü	ê			去声	51
而 ér			er			阳平	35
言 yán		i	a		n	阳平	35

续表

例字	结构						
	声母	韵母				声调	
		韵头	韵腹	韵尾		调类	调值
				元音	辅音		
装 zhuāng	zh	u	a		ng	阴平	55
归 guī	g	u	e	i		阴平	55
遇 yù			ü			去声	51

通过以上表格我们可以看出，普通话音节结构具有以下特点。

（1）普通话音节的实际读音最少要由三个成分组成（声母、韵腹、声调）；最多可以由五个成分组成（声母、韵头、韵腹、韵尾、声调）。

（2）每一个音节都必须有声母、韵母和声调。

（3）元音最多可以有3个，而且连续排列，分别充当韵母和韵头、韵腹和韵尾。

（4）辅音只出现在音节的开头和末尾，没有辅音连续排列的情况。

（5）韵头只能由i、u、ü充当。

（6）韵尾，元音韵尾由i、o、u充当，辅音韵尾只能由n、ng充当。

（7）每个元音都能充当韵腹，如果韵母不止一个元音，一般总是开口度较大，舌位较低的元音充当韵腹（如a、o、e），只有在韵母中没有其他元音成分时，i、u、ü才能充当韵腹。

三、普通话声韵拼合规律

普通话声母和韵母配合的规律性主要表现在声母的发音部位和韵母"四呼"的关系上，了解了声母和韵母的拼合规律，就可以避免在拼读、拼写中出现差错，还可以帮助纠正方言口音。

普通话声韵母配合表（开口呼）

声母		唇音				舌尖中音				舌面后音			舌面前音			舌尖后音				舌尖前音			零声母
		b	p	m	f	d	t	n	l	g	k	h	j	q	x	zh	ch	sh	r	z	c	s	
开口呼	-i															知	吃	诗	日	滋	雌	斯	
	a	巴	爬	妈	发	搭	他	拿	拉	咖		哈				渣	插	沙		杂	擦	萨	阿
	o	玻	坡	摸	佛																		
	e			么		德	特	讷	乐	哥	科	喝				遮	车	佘	热	则	侧	瑟	鹅
	ê																						欸
	ai	白	拍	买		呆	胎	奶	来	该	开	海				摘	差	筛		灾	猜	腮	哀
	ei	杯	培	梅	非			内	雷	给	尅	黑						谁				贼	
	ao	包	抛	猫		刀	掏	脑	劳	膏	考	号				招	超	烧	绕	糟	操	骚	熬

13

续表

普通话声韵母配合表（开口呼）续

声母		唇音				舌尖中音				舌面后音			舌面前音			舌尖后音				舌尖前音			零声母
		b	p	m	f	d	t	n	l	g	k	h	j	q	x	zh	ch	sh	r	z	c	s	
开口呼	韵母 ou	剖		某	否	都	投	耨	楼	狗	口	后				周	臭	收	肉	走	凑	搜	偶
	an	班	潘	慢	翻	单	弹	男	蓝	干	看	喊				占	产	删	然	咱	惨	三	安
	en	本	喷	们	分	扽		嫩		跟	肯	很				真	陈	神	人	怎	岑	森	恩
	ang	帮	胖	忙	放	当	糖	囊	郎	刚		抗				张	场	上	让	脏	藏	桑	昂
	eng	蹦	碰	梦	风	等	疼	能	冷	更	坑	哼				正	成	生	扔	曾	层	僧	鞥
	er																						儿

普通话声韵母配合表（齐齿呼）

声母		唇音				舌尖中音				舌面后音			舌面前音			舌尖后音				舌尖前音			零声母
		b	p	m	f	d	t	n	l	g	k	h	j	q	x	zh	ch	sh	r	z	c	s	
齐齿呼	韵母 i	比	皮	米		地	提	你	里				鸡	起	系								衣
	ia								俩				加	恰	瞎								压
	ie	别	撇	灭		爹	贴	捏	列				接	且	些								耶
	iao	标	票	秒		掉	调	鸟	了				叫	桥	小								腰
	iou			谬		丢		牛	六				就	求	修								优
	ian	便	片	面		点	天	年	连				见	前	先								烟
	in	彬	品	敏				您	林				进	亲	新								因
	iang							娘	量				将	枪	湘								央
	ing	并	萍	明		定	听	宁	灵				经	请	行								英

普通话声韵母配合表（合口呼、撮口呼）

声母		唇音				舌尖中音				舌面后音			舌面前音			舌尖后音				舌尖前音			零声母
		b	p	m	f	d	t	n	l	g	k	h	j	q	x	zh	ch	sh	r	z	c	s	
合口呼	韵母 u	不	铺	母	副	度	图	怒	路	谷	哭	胡				住	出	书	如	组	醋	苏	乌
	ua									挂	夸	化				抓	欻	刷					挖
	uo					多	脱	诺	罗	过	扩	或				琢	戳	说	若	坐	错	所	窝
	uai									怪	快	坏				拽	踹	帅					歪
	uei					对	推			鬼	亏	会				追	吹	谁	瑞	最	催	岁	威
	uan					端	团	暖	卵	关	款	换				转	穿	栓	软	钻	窜	算	弯
	uen					顿	吞		论	滚	困	混				准	春	顺	润	尊	存	孙	温
	uang									光	框	黄				装	床	爽					汪
	ueng																						翁
	ong					懂	同	弄	龙	工	空	红				中	冲		荣	总	从	送	
撮口呼	韵母 ü							女	绿				局	去	需								于
	üe							虐	略				绝	却	雪								约
	üan												卷	全	选								冤
	ün												均	群	勋								晕
	iong												炯	穷	熊								拥

四、普通话音节的拼读

拼读，就是按照普通话音节的构成规律，把声母、韵母、声调组合成音节，这一过程也叫拼音。音节的拼读重在发韵母，声母只起把握口形的作用，再配上声调，即可构成一个音节。普通话音节的拼合，一般有3种方法。

（一）两拼法

两拼法，用声母与韵母直接拼合。

发音练习：声母+韵母　音节形式

zh—ou—zhou

（二）三拼法

三拼法即把韵母的韵头（这时的韵头又叫介音）单独列出，把韵母分成两部分，然后与声母拼合，这种方法只适用于有介音的音节。

发音练习：声母+（韵头+韵腹+韵尾）　音节形式

t—u—an—tuan

以上两种方法，对初学者比较适用。但是，普通话教学，最终还须采用"直呼"的方法。

（三）直呼法

直呼拼音即直接按声、韵、调读出音。

发音练习：

xuě—（雪）　hàn—（汉）

shuō—（说）　yǔ—（语）

第二节　声　　母

一、普通话声母的概念

声母是处于音节开头的辅音。普通话中共有22个声母，包括21个辅音声母和1个零声母。

辅音声母：b p m f d t n l g k h
　　　　　 j q x zh ch sh r z c s

零声母：音节不以辅音开头，即没有声母，习惯上叫零声母。

声母和辅音不相等，声母都由辅音充当，但是，不是所有的辅音都可以充当声母。ng只作韵尾，不作声母，发音练习："种"（zhòng）；n既做声母，又作韵尾，发音练习："连"（lián）。

二、普通话声母的分类

同音色的声母由不同的发音方法和发音部位决定,每一个声母都有自己的发音方法和发音部位,要读好声母就必须掌握好每一个声母的发音方法和发音部位。声母的发音部位是否到位,直接影响语流中字音的发音是否清晰。

(一)声母的发音方法分类

发音方法是指调节发音气流的方法。按照发音方法,普通话声母可以从阻碍的方式(成阻、持阻、除阻)、气流的强弱、声带的振动与否3个方面来分析。

1. 阻碍的方式

辅音的发音可以分为3个阶段:发音时构成阻碍阶段(成阻)、阻碍持续阶段(持阻)、解除阻碍阶段(除阻)。根据这3个阶段的不同情况,普通话声母可以分为塞音、擦音、塞擦音、近音、鼻音、边音6种发音方法。具体说明如下。

(1)塞音。

塞音又称"爆破音"或"破裂音"。发塞音时发音部位闭紧,挡住气流,形成阻碍,持阻阶段保持这种状态,除阻时,气流突然将阻碍冲开,爆发成声。塞音有b、p;d、t;g、k。

(2)擦音。

发擦音时,阻碍气流的两个发音部位靠近,形成一条窄缝,气流从窄缝中挤出,摩擦成声。擦音有f、h、x、s、sh。

(3)塞擦音。

发塞擦音时,塞音和擦音发音方式相结合,先塞后擦。两个发音部位闭紧,形成阻碍,气流首先将两个发音部位冲开,形成一条窄缝,然后气流再从窄缝中挤出,摩擦成声。塞擦音有z、c;zh、ch;j、q。

(4)近音。

成阻阶段发音器官接近,口腔通道变窄,留有比擦音大又比高元音小的缝隙,未达到形成湍流的程度,气流通过时只产生轻微的摩擦。近音有r。

(5)鼻音。

发鼻音时,口腔中的发音部位闭紧,软腭下降,关闭口腔,打开鼻腔通道,气流振动声带,并从鼻腔冲出成声。鼻音有m、n。

(6)边音。

发边音时,舌尖顶住齿龈,舌头两侧留出空隙,软腭上升,关闭鼻腔通道,持阻时气流振动声带,并经舌头两边从口腔冲出成声,故称边音。边音只有l。

2. 气流的强弱

根据气流的强弱，塞音和塞擦音可以分为送气音和不送气音两类。气流强者为送气音，气流弱者为不送气音。

送气音：p、c、t、ch、q、k。

不送气音：b、z、d、zh、j、g。

3. 声带振动与否

根据声带振动与否，普通话声母可以分为清音声母、浊音声母。声带振动者为浊音，声带不振动者为清音。

清音：声带松弛，声带不振动。

清音：b、p、f、z、c、s、d、t、zh、ch、sh、j、q、x、g、k、h。

浊音：声带拉紧，气流运动使声带振动。

浊音：m、n、l、r。

（二）声母的发音部位分类

发音部位指发音气流受到阻碍的部位。按照发音部位，普通话声母可以分为唇音（双唇音、唇齿音）、舌尖音（舌尖前音、舌尖中音、舌尖后音）、舌面音（舌面前音、舌面后音）3大类7部分。具体说明如下。

1. 唇音

（1）双唇音是双唇阻碍气流形成的音，有b、p、m共3个。

（2）唇齿音是利用上齿、下唇阻碍气流形成的音，只有f这一个。

2. 舌尖音

（1）舌尖前音是利用舌尖、上齿背阻碍气流形成的音，有z、c、s共3个。

（2）舌尖中音是利用舌尖、上齿龈阻碍气流形成的音，有d、t、n、l共4个。

（3）舌尖后音是利用舌尖、硬腭前部阻碍气流形成的音，有zh、ch、sh、r共4个。

3. 舌面音

（1）舌面前音又叫舌面音，是利用舌面前部、硬腭前部阻碍气流形成的音，有j、q、x共3个。

（2）舌面后音又叫作舌根音，是利用舌面后部、软腭阻碍气流形成的音，有g、k、h共3个。

声母发音总表

发音方法			发音部位						
			唇音		舌尖前音	舌尖中音	舌尖后音	舌面前音	舌面后音
			双唇音	唇齿音					
			上唇下唇	上齿下唇	舌尖上齿背	舌尖上齿龈	舌尖硬腭前	舌面前硬腭前	舌面后软腭
塞音	清音	不送气音	b			d			g
		送气音	p			t			k

续表

发音方法			发音部位						
			唇音		舌尖前音	舌尖中音	舌尖后音	舌面前音	舌面后音
			双唇音	唇齿音					
			上唇下唇	上齿下唇	舌尖上齿背	舌尖上齿龈	舌尖硬腭前	舌面前硬腭前	舌面后软腭
擦音	清音			f	s		sh	x	h
塞擦音	清音	不送气音			z		zh	j	
		送气音			c		ch	q	
鼻音	浊音		m			n			
边音	浊音					l			
近音	浊音						r		

三、普通话声母发音分析

普通话声母有本音和呼读音。声母的本音指根据发音方法和发音部位发的音,也就是声母自身的读音。由于声母多为清辅音(17个),发音时不振动声带,本音不响亮,不清晰。所以,为了便于教学,在念读声母时,声母后面都加上了一个元音,声母加上元音之后的读音称为呼读音,读起来更响亮、清晰。呼读音实际上是含有声母、韵母、声调的整个音节的读音,声调为阴平。需要注意的是,声母的呼读音仅用于单独念读声母的时候,在拼读音节时必须用声母的本音。

普通话声母呼读音构成表

声母	所加元音	呼读音
b、p、m、f	o	bo、po、mo、fo
z、c、s	i	zi、ci、si
d、t、n、l	e	de、te、ne、le
zh、ch、sh、r	i	zhi、chi、shi、ri
j、q、x	i	ji、qi、xi
g、k、h	e	ge、ke、he

以下是声母发音要领分析。

(1) 双唇音。

b 双唇、不送气、清、塞音

发音时双唇闭紧成阻,软腭上升,关闭鼻腔通道,声带不振动,突然一下冲破双唇阻碍,爆发成声,保证双唇用力。

发音练习:把握 bǎwò 半径 bànjìng 帮助 bāngzhù 必然 bìrán

p 双唇、送气、清、塞音

发音时上唇、下唇闭紧,形成阻碍,软腭上升,关闭鼻腔通道,声带不振动,气流较强,一下冲破双唇阻碍,爆发成声。

发音练习：排列 páiliè　抛弃 pāoqì　朋友 péngyou　蓬勃 péngbó

m　双唇、浊、鼻音

发音时，上、下唇闭紧，软腭下降，关闭口腔通道，打开鼻腔通道，气流振动声带，气流从鼻腔透出成声。

发音练习：满意 mǎnyì　矛盾 máodùn　没有 méiyǒu　面临 miànlín

■绕口令■

【八百标兵】

八百标兵奔北坡，炮兵并排北边跑，炮兵怕把标兵碰，标兵怕碰炮兵炮。

【一座棚】

一座棚傍峭壁旁，峰边喷泻瀑布长，不怕暴雨瓢泼冰雹落，不怕寒风扑面雪飘扬，并排分班翻山攀坡把宝找，聚宝盆里松柏飘香百宝藏，背宝奔跑报矿炮劈火，篇篇捷报飞伴金凤凰。

（2）唇齿音。

f　唇齿、清、擦音

发音时，下唇略内收，靠近上齿，形成一条窄缝，软腭上升，关闭鼻腔通道，声带不振动，气流从唇齿间的窄缝中挤出，摩擦成声。

发音练习：方法 fāngfǎ　反复 fǎnfù　奋发 fènfā　仿佛 fǎngfú

■绕口令■

【画凤凰】

粉红墙上画凤凰，凤凰画在粉红墙。红凤凰、粉凤凰，红粉凤凰花凤凰。红凤凰，黄凤凰，红粉凤凰，粉红凤凰，红粉凤凰花凤凰。

（3）舌尖前音。

z　舌尖前、不送气、清、塞擦音

发音时，舌尖前伸抵住上齿背，软腭上升，鼻腔通道关闭，声带不振动，气流较弱，气流再从窄缝中挤出，摩擦成声。

发音练习：罪责 zuìzé　总则 zǒngzé　造作 zàozuò　枣子 zǎozi

c　舌尖前、送气、清、塞擦音

发音与 z 相似，但气流较强。

发音练习：层次 céngcì　草丛 cǎocóng　粗糙 cūcāo　参差 cēncī

s　舌尖前、清、擦音

发音时，舌尖接近上齿背，提升软腭，闭鼻腔，声带不振动，气流从窄缝通过摩擦成声。

发音练习：思索 sīsuǒ　诉讼 sùsòng　琐碎 suǒsuì　松散 sōngsǎn

■绕口令■

【做早操】

早晨早早起，早起做早操，人人做早操，做操身体好。

【四和十】

四是四，十是十，十四是十四，四十是四十。谁能说准四十，十四，四十四，谁来试一试。

(4) 舌尖中音。

d　舌尖中、不送气、清、塞音

发音时，舌尖抵住上齿龈成阻，升软腭，关鼻腔，声带不振动，气流较弱，冲破阻碍，爆发成声。

发音练习：电灯 diàndēng　等待 děngdài　奠定 diàndìng　导弹 dǎodàn

t　舌尖中、送气、清、塞音

发音时，与 d 相似，区别之处在除阻时气流较强。

发音练习：铁塔 tiětǎ　天堂 tiāntáng　滩涂 tāntú　淘汰 táotài

n　舌尖中、浊、鼻音

发音时，舌尖抵住上齿龈成阻，软腭下降，闭口腔，开鼻腔，气流振动声带，气流从鼻腔冲出成声。

发音练习：牛奶 niúnǎi　男女 nánnǚ　恼怒 nǎonù　农奴 nóngnú

l　舌尖中、浊、边音

发音时，舌尖抵住上齿龈（与 n 比略后），舌头两侧要有空隙，升软腭，关鼻腔，气流振动声带，并经舌头两边从口腔冲出成声。

发音练习：流利 liúlì　嘹亮 liáoliàng　来历 láilì　轮流 lúnliú

■绕口令■

【打特盗】

调到敌岛打特盗，特盗太刁投短刀，挡推顶打短刀掉，踏盗得刀盗打倒。

【牛郎恋刘娘】

牛郎恋刘娘，刘娘念牛郎。牛郎年年恋刘娘。刘娘年年念牛郎。郎恋娘来娘念郎。念娘恋娘，念郎恋郎，念恋娘郎。

(5) 舌尖后音。

zh　舌尖后、不送气、清、塞擦音

发音时，舌尖上翘，抵住硬腭前部，升软腭，关鼻腔，声带不振动，气流较弱，气流从阻碍中冲开一条窄缝，然后摩擦成声。

发音练习：正直 zhèngzhí　政治 zhèngzhì　主张 zhǔzhāng　辗转 zhǎnzhuǎn

ch　舌尖后、送气、清、塞擦音

发音时，舌尖上翘，抵住硬腭前部，升软腭，关鼻腔，声带不振动，气流较强，升软腭，关鼻腔然后摩擦成声。

发音练习：长城 chángchéng　出产 chūchǎn　充斥 chōngchì　戳穿 chuōchuān

sh　舌尖后、清、擦音

发音时，舌尖上翘，接近硬腭前部，形成窄缝，升软腭，关鼻腔，声带不振动，气流从窄缝中挤出，摩擦成声。

发音练习：山水 shānshuǐ　上升 shàngshēng　事实 shìshí　舒适 shūshì

r　舌尖后、近音

发音时，舌尖上翘，接近硬腭前部，形成窄缝，升软腭，关鼻腔，声带振动，轻微摩擦成声。

发音练习：柔软 róuruǎn　扰攘 rǎorǎng　荏苒 rěnrǎn　容忍 róngrěn

■绕口令■

【朱叔锄竹笋】

朱家一株竹，竹笋初长出。朱叔处处锄，锄出笋来煮。锄完不再出，朱叔没笋煮，竹株又干枯。

【石狮子，涩柿子】

山前有四十四棵死涩柿子树，山后有四十四只石狮子。山前的四十四棵死涩柿子树，涩死了山后的四十四只石狮子。山后的四十四只石狮子，咬死了山前的四十四棵死涩柿子树。不知是山前的四十四棵死涩柿子树涩死了山后的四十四只石狮子，还是山后的四十四只石狮子咬死了山前的四十四棵死涩柿子树。

（6）舌面前音。

j　舌面前、不送气、清、塞擦音

发音时，舌面前部抵住硬腭前部，放松舌面，升软腭，关鼻腔，声带不振动，气流较弱，气流将阻碍冲开窄缝，然后经窄缝摩擦成声。

发音练习：讲究 jiǎngjiū　计较 jìjiào　积极 jījí　紧急 jǐnjí

q　舌面前、送气、清、塞擦音

发音时，舌面前部抵住硬腭前部，升软腭，关鼻腔，声带不振动，气流较强，气流将阻碍冲开窄缝，然后经窄缝摩擦成声。

发音练习：气球 qìqiú　崎岖 qíqū　牵强 qiānqiǎng　请求 qǐngqiú

x 舌面前、清、擦音

发音时，舌面前部接近硬腭前部，形成窄缝，升软腭，关鼻腔，声带不振动，气流经窄缝摩擦成声。

发音练习：喜讯 xǐxùn 虚心 xūxīn 形象 xíngxiàng 详细 xiángxì

■绕口令■

【漆匠和锡匠】

七巷一个漆匠，西巷一个锡匠。七巷漆匠用了西巷锡匠的锡，西巷锡匠拿了七巷漆匠的漆，七巷漆匠气西巷锡匠用了漆，西巷锡匠讥七巷漆匠拿了锡。

【京剧和警句】

京剧叫京剧，警句叫警句。京剧不能叫警句，警句不能叫京剧。

(7) 舌面后音。

g 舌面后（舌根音）、不送气、清、塞音

发音时，舌面后部抵住软腭成阻，软腭后部上升，关鼻腔，声带不振动，气流较弱，气流一下冲破阻碍，爆发成声。

发音练习：梗概 gěnggài 改革 gǎigé 高贵 gāoguì 灌溉 guàngài

k 舌面后（舌根音）、送气、清、塞音

发音时，与 g 相似，气流相比较强。

发音练习：宽阔 kuānkuò 开垦 kāikěn 克扣 kèkòu 旷课 kuàngkè

h 舌面后（舌根音）、清、擦音

发音时，舌面后部接近软腭，形成窄缝，软腭后部上升，关鼻腔，声带不振动，气流经窄缝摩擦成声。

发音练习：辉煌 huīhuáng 缓和 huǎnhé 浩瀚 hàohàn 航海 hánghǎi

■绕口令■

【混纺】

丰丰和芳芳，上街买混纺。红混纺，粉混纺，黄混纺，灰混纺。红花混纺做裙子，粉花混纺做衣裳。红、粉、灰、黄花样多，五颜六色好混纺。

(8) 零声母。

开口呼零声母：

开口呼零声母是指以 a、o、e 开头的零声母。发音时气流在口腔中不受阻，通过声门的开合进行控制。因此拼写的时候，在以 a、o、e 为开头的零声母音节连接在其他音节后面时，通常用（'）隔音符号分开。

发音练习：恋爱 liàn'ài

非开口呼零声母：

非开口呼零声母是指以 i、u、ü 开头的零声母。i、u、ü 或以 i、u、ü 开头的零声母音节，为避免与儿化音连写分不清，将开头 i、u、ü 改换为 y、w、yu，或在 i 前面加 y，在 u 前面加 w。

发音练习：夜晚 yèwǎn、乌云 wūyún

四、声母发音综合练习

（一）b p m f

b 兵 博 匾 必

p 抛 盆 品 盼

m 猫 眠 美 木

f 非 法 粉 副

b-p：编排 奔跑 被迫

b-m：饱满 表面 蓖麻

b-f：缤纷 北方 爆发

p-b：旁边 派别 普遍

p-m：缥缈 篇目 皮毛

p-f：平凡 屏风 佩服

m-b：棉被 漫笔 蒙蔽

m-f：模范 蜜蜂 萌发

m-p：毛皮 门票 面庞

f-b：风波 防备 反比

f-p：发配 分派 反叛

f-m：蜂蜜 分娩 发霉

（二）d t n l

d 刀 答 典 缔

t 贪 藤 铁 太

n 蔫 男 扭 内

l 拉 锣 理 劣

d-t：登台 打通 殿堂

d-n：当年 胆囊 悼念

d-l：登陆 得力 电炉

t-d　通达　头等　投递

t-n　逃难　头脑　童年

t-l　推力　陀螺　头颅

n-d　难点　纽带　内地

n-t　难题　农田　泥土

n-l　尼龙　脑力　逆流

l-d　零点　领地　绿灯

l-t　轮胎　流淌　路途

l-n　老年　冷凝　历年

（三）g　k　h

g　勾　阁　轨　概

k　康　壳　垮　控

h　黄　华　回

g-k　顾客　高考　公开

g-h　过火　归还　桂花

k-g　看管　考古　可贵

k-h　开会　口号　枯黄

h-g　后果　回顾　宏观

h-k　何苦　航空　好看

（四）j　q　x

j　机　节　奖　嫁

q　秋　情　取　确

x　销　斜　许　血

j-q　精确　近期　军区

j-x　惊醒　精细　机械

q-j　求救　请教　清净

q-x　倾斜　气象　取消

x-j　相机　喜剧　仙境

x-q　象棋　吸取　险情

（五）zh　ch　sh　r

zh　斟　卓　旨　撰

ch　春　常　产　撤

sh 山 神 使 摄

r 扔 如 忍 肉

zh-ch 忠诚 侦察 照常

zh-sh 招手 正式 镇守

zh-r 主人 值日 阵容

ch-zh 初中 纯正 船闸

ch-sh 出售 传说 创始

ch-r 超然 仇人 传染

sh-zh 生殖 实质 手掌

sh-ch 输出 审查 市场

sh-r 诗人 收入 示弱

r-zh 肉质 人中 认真

r-ch 日常 冗长 热潮

r-sh 燃烧 人事 入睡

（六）z c s

z 增 渍 组 造

c 擦 层 参 测

s 搜 随 笋 算

z-c 遵从 紫菜 坐舱

z s 子孙 总算 棕色

c-z 操作 存在 辞藻

c-s 惨死 测算 彩色

s-z 送葬 塑造 所在

s-c 思忖 随从 素材

（七）零声母

安 偶 饿 要 饮 挖 无 月

阿姨 安慰 偶尔 沿岸 因而 悦耳

演员 野外 委员 外语 愿望 语言

五、声母发音辨正

（一）z、c、s 和 zh、ch、sh

发音部位不同，z、c、s 舌面前音又称平舌音，发音时舌尖向前平伸，抵住或接近上、下齿背。zh、ch、sh 舌面后音又称翘舌音，发音时舌尖翘起，舌身后缩，向前抵住或接近硬腭前部，切记舌尖不要向前平伸，也不要后卷。

发音辨正练习：z、c、s 与 zh、ch、sh

(1) 单字对比练习。

z-zh　早——找　责——哲　增——争
zh-z　诊——怎　债——在　章——脏
z-ch　杂——茶　灾——拆　糟——超
ch-z　禅——咱　充——宗　翅——自
z-sh　资——失　做——硕　罪——税
sh-z　暑——组　手——走　圣——赠
c-zh　瓷——植　翠——赘　侧——这
zh-c　窄——彩　沼——草　招——操
c-ch　从——崇　粗——出　惨——产
ch-c　迟——词　冲——聪　成——层
c-sh　醋——束　凑——受　刺——侍
sh-c　涉——册　杀——擦　时——辞
s-zh　私——知　俗——竹　颂——重
zh-s　住——塑　州——搜　追——虽
s-ch　四——斥　宿——触　酸——川
ch-s　抽——搜　冲——松　串——算
s-sh　饲——势　岁——睡　笋——吮
sh-s　申——森　诗——思　输——苏

(2) 音节组合练习。

z-zh　资助　阻止　最终
zh-z　指责　正在　著作
z-ch　资产　总称　责成
ch-z　创造　充足　迟早
z-sh　自身　左手　做声
sh-z　数字　受灾　守则
c-zh　从中　存折　参照
zh-c　至此　注册　主次
c-ch　财产　操持　菜场

ch-c	穿刺	唱词	差错
c-sh	次数	挫伤	丛书
sh-c	身材	上层	水草
s-zh	素质	四周	算账
zh-s	住所	竹笋	周岁
s-ch	搜查	私产	水池
ch-s	沉思	出色	传送
s-sh	损伤	所属	虽说
sh-s	疏松	石笋	神速

（二）n 和 l

发音方法不同，n 鼻腔发音，气流从鼻腔流出，舌尖向前使劲，舌尖慢慢离开；l 口腔发音，气流从舌的两边流出，舌尖向后使劲，舌尖接触面比 n 相对少一点，舌尖轻轻弹开。

发音辨正练习：

（1）单字对比练习。

n-l　年——连　能——棱　男——蓝

l-n　老——脑　龙——农　灵——凝

（2）音节组合练习。

n-l

哪里　那里　能力　能量　年龄　奴隶　努力
耐力　脑力　内力　内陆　内乱　嫩绿　尼龙
逆流　年轮　农历　浓烈　女郎　暖流　你俩

l-n

老年　来年　烂泥　冷暖　历年　利尿　连年

（三）f 和 h

发音部位不同，f 上齿与下唇内缘接近，摩擦成声。h 唇齿分开，处于开口状态，舌头后缩，舌根抬起接近软腭，摩擦成声。

发音辨正练习：

（1）单字对比练习。

f-h　粉——很　贩——汗　拂——湖

h-f　黑——非　虎——腐　花——发

（2）音节组合练习。

f-h

发挥　返回　分化　孵化　符号　符合　复合
发还　繁花　繁华　返回　防寒　防洪　防护
放火　肥厚　肺活量　废话　分红　焚毁　粉红
愤恨　丰厚　风寒　风化　烽火　缝合　凤凰
腐化　负荷　俘获　附和　复核　复活　返还

h-f

耗费　合法　后方　花费　花粉　化肥　划分
海防　海风　豪放　焕发　荒废　恢复　伙房

（四）l 和 r

发音部位和发音方法不同，舌尖翘起接近硬腭前部，气流摩擦成声；舌尖在上齿龈上轻弹一下，弹发成声。

发音辨正练习：

（1）单字对比练习。

r-l　入——路　弱——洛　热——乐

l-r　拦——然　论——润　楼——柔

（2）音节组合练习。

r-l

热流　人流　人伦　蹂躏　锐利　日历
容量　染料　热浪　热泪　热力　热恋
燃料　扰乱　热量　热烈　人类　人力

l-r

路人　落日　两人　录入　令人　例如
老人　利润　恋人　缭绕　了然　猎人

第三节　韵　　母

一、什么是韵母

韵母是音节中声母后面的部分。零声母音节，全部由韵母构成。普通话韵母共有 39 个。韵母和元音不相等。普通话韵母主要由元音构成，完全由元音构成的韵母有 23 个，约占韵母的 59%，由元音加上辅音构成的韵母（鼻韵母）有 16 个，约占韵母的

41%。可见,在普通话韵母中,元音占有绝对的优势。元音发音比较响亮,与辅音声母相比,韵母没有呼读音。

二、韵母的分类

(一)按韵母开头元音的发音口形分类

可分为开口呼、齐齿呼、合口呼、撮口呼四类,统称"四呼"。

1. 开口呼韵母

开口呼韵母指没有韵头 i、u、ü,韵腹也不是 i、u、ü 的韵母,共有 15 个。它们是 a、o、e、ai、ei、ao、ou、an、en、ang、eng、ê、—i(前)、—i(后)、er。

2. 齐齿呼韵母

齐齿呼韵母指韵头或韵腹是 i 的韵母,共有 9 个。它们是 i、ia、ie、iao、iou、ian、in、iang、ing。

3. 合口呼韵母

合口呼韵母指韵头或韵腹是 u 的韵母,共有 10 个。它们是 u、ua、uo、uai、uei、uan、uen、uang、ueng、ong。

4. 撮口呼韵母

撮口呼韵母指韵头或韵腹是 ü 的韵母,共有 5 个。它们是 ü、üe、üan、ün、iong。

(二)按韵母结构特点分类

可分为单韵母、复韵母和鼻韵母 3 类。具体分类见下文普通话韵母总表。

普通话韵母总表

按结构分	按四呼分			
	开口呼	齐齿呼	合口呼	撮口呼
单韵母	—i(前)、—i(后)	i	u	ü
	a			
	o			
	e			
	ê			
	er			
复韵母		ia	ua	
			uo	
		ie		üe
	ai		uai	
	ei		uei	
	ao	iao		
	ou	iou		

续表

按结构分	按四呼分			
	开口呼	齐齿呼	合口呼	撮口呼
鼻韵母	an	ian	uan	üan
	en	in	uen	ün
	ang	iang	uang	
	eng	ing	ueng	
			ong	iong

1. 单韵母

单韵母是由一个元音构成的韵母,共10个。单韵母的不同音色是由舌位的高低、舌位的前后、唇形的圆展等因素造成的。根据发音时舌头的部位及状态,可把单韵母分为3类:舌面单韵母、舌尖单韵母、卷舌单韵母。

舌面单韵母7个:a、o、e、ê、i、u、ü

舌尖单韵母2个:—i(前)、—i(后)

卷舌单韵母1个:er

2. 复韵母

复韵母由两个或3个元音复合组成,共13个。根据主要元音所在位置的不同,复韵母可以分为3类:前响复韵母、中响复韵母、后响复韵母。

前响复韵母4个:ai、ei、ao、ou

中响复韵母4个:iao、iou、uai、uei

后响复韵母5个:ia、ie、ua、uo、üe

3. 鼻韵母

鼻韵母由元音和鼻辅音韵尾构成,共16个。

前鼻音韵母8个:an、en、in、ün、ian、uan、uen、üan

后鼻音韵母8个:ang、eng、ing、ong、iang、uang、ueng、iong

三、韵母发音分析

(一)单韵母的发音

单韵母的发音特点是发音过程中舌位和唇形始终不变,发音时要保持固定的口形。

a 舌面、央、低、不圆唇元音

口大开,舌尖微离下齿背,舌面中部微微隆起和硬腭后部相对。发音时,声带振动,软腭上升,关闭鼻腔通路。

发音练习：沙发 shāfā　大妈 dàmā　马达 mǎdá　发达 fādá

■绕口令■

【小华和胖娃】

小华和胖娃，两个种花又种瓜，小华会种花不会种瓜，胖娃会种瓜不会种花。

o　舌面、后、半高、圆唇元音

上下唇自然拢圆，舌体后缩，舌面后部隆起和软腭相对，舌位介于半高半低之间。发音时，声带振动，软腭上升，关闭鼻腔通路。

发音练习：磨破 mópò　默默 mòmò　佛寺 fósì　剥削 bōxuē

e　舌面、后、半高、不圆唇元音

口半闭，展唇，舌体后缩，舌面后部隆起和软腭相对，比元音 o 略高而偏前。发音时，声带振动，软腭上升，关闭鼻腔通路。

发音练习：苛刻 kēkè　合格 hégé　特赦 tèshè　客车 kèchē

■绕口令■

【鹅和河】

坡上立着一只鹅，坡下就是一条河。宽宽的河，肥肥的鹅，鹅要过河，河要渡鹅，不知是鹅过河，还是河渡鹅？

ê　舌面、前、半低、不圆唇元音

口自然打开，展唇，舌尖抵住下齿背，使舌面前部隆起和硬腭相对。发音时，声带振动，软腭上升，关闭鼻腔通路。

发音练习：裂变 lièbiàn　确切 quèqiè　结业 jiéyè　绝技 juéjì

i　舌面、前、高、不圆唇元音

口微开，两唇呈扁平形，上下齿相对（齐齿），舌尖接触下齿背，使舌面前部隆起和硬腭前部相对。发音时，声带振动，软腭上升，关闭鼻腔通路。

发音练习：低级 dījí　气息 qìxī　袭击 xíjī　立体 lìtǐ

■绕口令■

【七棵树上结七样儿】

一二三，三二一，一二三四五六七。七个阿姨来摘果，七个花篮儿手中提。七棵树上结七样儿，苹果、桃儿、石榴、柿子、李子、栗子、梨。

u　舌面、后、高、圆唇元音

两唇收拢成圆形，略向前突出；舌体后缩，舌面后部隆起和软腭相对。发音时，声带振动，软腭上升，关闭鼻腔通路。

发音练习：树木 shùmù　出土 chūtǔ　部署 bùshǔ　幅度 fúdù

■绕口令■

【鼓上画只虎】

鼓上画只虎,破了拿布补。不知布补鼓,还是布补虎。

ü　舌面、前、高、圆唇元音

两唇拢圆,略向前突;舌尖抵住下齿背,使舌面前部隆起和硬腭前部相对。发音时,声带振动,软腭上升,关闭鼻腔通路。

发音练习:区域 qūyù　须臾 xūyú　语句 yǔjù　序曲 xùqǔ

■绕口令■

【女小吕和女老李】

这天天下雨,体育局穿绿雨衣的女小吕,去找穿绿运动衣的女老李。穿绿雨衣的女小吕,没找到穿绿运动衣的女老李,穿绿运动衣的女老李,也没见着穿绿雨衣的女小吕。

—i(前)　舌尖、前、高、不圆唇元音

口略开,展唇,舌尖和上齿背相对,保持适当距离。发音时,声带振动,软腭上升,关闭鼻腔通路。这个韵母在普通话里只出现在 z、c、s 声母的后面。

发音练习:私自 sīzì　字词 zìcí　辞职 cízhí　此次 cǐcì

■绕口令■

【大嫂子和大小子】

一个大嫂子,一个大小子。大嫂子跟大小子比包饺子,看是大嫂子包的饺子好,还是大小子包的饺子好,再看大嫂子包的饺子少,还是大小子包的饺子少。大嫂子包的饺子又小又好又不少,大小子包的饺子又小又少又不好。

—i(后)　舌尖、后、高、不圆唇元音

口略开,展唇,舌前端抬起和前硬腭相对。发音时,声带振动,软腭上升,关闭鼻腔通路。这个韵母在普通话里只出现在 zh、ch、sh、r 声母的后面。

发音练习:指使 zhǐshǐ　支持 zhīchí　值日 zhírì　试纸 shìzhǐ

■绕口令■

【知之为知之】

知之为知之,不知为不知,不以不知为知之,不以知之为不知,为此才能求真知。

er　卷舌、央、中、不圆唇元音

口自然开启,舌位不前不后不高不低,舌前、中部上抬,舌尖向后卷,和硬腭前端相对。发音时,声带振动,软腭上升,关闭鼻腔通路。

发音练习:儿女 érnǚ　二胡 èrhú　然而 rán'ér　饵料 ěrliào

（二）复韵母的发音

复韵母的发音有两个特点：一是发音过程中舌位、唇形一直在变化，由一个元音的发音快速地向另一个元音的发音过渡；二是元音之间的发音有主次之分，主要元音清晰响亮，其他元音轻短或含混模糊。

ai

发音时，口腔自然张到最大，舌尖抵住下齿背，舌位由低到高滑动。从前低不圆唇元音 a 开始，舌位向 i 方向滑动升高。

发音练习：开采 kāicǎi　拍卖 pāimài　灾害 zāihài　爱戴 àidài

■绕口令■

【白菜和海带】

买白菜，搭海带，不买海带就别买大白菜。买卖改，不搭卖，不买海带也能买到大白菜。

ei

发音时，舌尖抵住下齿背。舌位由低到高滑动，从 e 开始升高，向 i 方向滑动。

发音练习：蓓蕾 bèilěi　配备 pèibèi　沸腾 fèiténg　非得 fēiděi

■绕口令■

【贝贝和菲菲】

贝贝飞纸飞机，菲菲要贝贝的纸飞机，贝贝不给菲菲自己的纸飞机，贝贝教菲菲自己做能飞的纸飞机。

ao

发音时，舌头后缩，使舌面后部隆起。从后低不圆唇元音 a 向 u 的方向滑动升高。

发音练习：号召 hàozhào　报道 bàodào　稻草 dàocǎo　逃跑 táopǎo

■绕口令■

【猫闹鸟】

东边庙里有个猫，西边树上有只鸟。不知猫闹树上鸟，还是鸟闹庙里猫？

ou

发音时，从略带圆唇的央元音 o 开始，舌位向 u 的方向滑动，动程最窄。

发音练习：收购 shōugòu　守候 shǒuhòu　口头 kǒutóu　丑陋 chǒulòu

■绕口令■

【黄狗咬我手】

清早上街走，走到周家大门口，门里跳出大黄狗，朝我汪汪大声吼。我捡起砖头打黄狗，黄狗跳起来咬手。不知石头打没打着周家的狗，也不知周家的狗咬没咬着我手指头。

iao

由前高元音 i 开始,舌位降至后低不圆唇元音 a,然后再向后高元音 u 的方向滑升,唇形逐渐拢圆。发音过程中舌位先降后升,由前到后,曲折幅度大。

发音练习:窈窕 yǎotiǎo　逍遥 xiāoyáo　渺小 miǎoxiǎo　疗效 liáoxiào

■绕口令■

【鸟看表】

水上漂着一只表,表上落着一只鸟。鸟看表,表瞪鸟,鸟不认识表,表也不认识鸟。

iou

由前高元音 i 开始,舌位降至低元音 o,然后再向后高圆唇元音 u 的方向滑升。发音过程中,舌位先降后升,由前到后,曲折幅度大。

发音练习:悠久 yōujiǔ　优秀 yōuxiù　求救 qiújiù　舅舅 jiùjiu

■绕口令■

【酒换油】

一葫芦酒,九两六;一葫芦油,六两九。六两九的油,要换九两六的酒;九两六的酒,不换六两九的油。

uai

由圆唇的后高元音 u 开始,舌位向前滑降到前低不圆唇元音 a,然后再向前高不圆唇元音 i 的方向滑升。舌位动程先降后升,由后到前,曲折幅度大。

发音练习:摔坏 shuāihuài　作怪 zuòguài　情怀 qínghuái　外快 wàikuài

■绕口令■

【槐树歪歪】

槐树歪歪,坐个乖乖。乖乖用手,摔了老酒。酒瓶摔坏,奶奶不怪。怀抱乖乖,出外买买。

uei

由后高圆唇元音 u 开始,舌位向前向下滑到前半高不圆唇元音 e 偏后靠下的位置,然后再向前高不圆唇元音 i 的方向滑升。发音过程中,舌位先降后升,由后到前,曲折幅度较大。

发音练习:回味 huíwèi　摧毁 cuīhuǐ　退回 tuìhuí　未遂 wèisuì

■绕口令■

【嘴和腿】

嘴说腿，腿说嘴，嘴说腿爱跑腿，腿说嘴爱卖嘴。光动嘴不动腿，光动腿不动嘴，不如不长腿和嘴。

ia

发音时由 i 开始，舌位滑向央低元音 a 止。i 的发音较短，a 的发音响而长。

发音练习：夏天 xiàtiān　加价 jiājià　关卡 guānqiǎ　假象 jiǎxiàng

■绕口令■

【鸭和霞】

天上飘着一片霞，水上漂着一群鸭。霞是五彩霞，鸭是麻花鸭。麻花鸭游进五彩霞，五彩霞网住麻花鸭。乐坏了鸭，拍碎了霞，分不清是鸭还是霞。

ie

发音时由 i 开始，舌位滑向前中元音 ê 止。i 较短，ê 响而长。

发音练习：结业 jiéyè　贴切 tiēqiè　谢谢 xièxie　熄灭 xīmiè

■绕口令■

【茄子】

姐姐借刀切茄子，去把儿去叶儿斜切丝，切好茄子烧茄子，烧茄子、蒸茄子，还有一碗焖茄子。

ua

发音时由 u 开始，舌位滑向央低元音 a 止，唇形由最圆逐步展开到不圆。u 较短，a 响而长。

发音练习：挂帅 guàshuài　画画 huàhuà　刮花 guāhuā　印刷 yìnshuā

■绕口令■

【墙头儿有个瓜】

墙头儿上有个老南瓜，掉下来砸着胖娃娃。娃娃叫妈妈，妈妈抱娃娃，娃娃骂南瓜。

uo

发音时由 u 开始，舌位向下滑到后中元音 o 止。u 较短，o 响而长。

发音练习：陀螺 tuóluó　错过 cuòguò　国货 guóhuò　堕落 duòluò

■绕口令■

【菠萝和陀螺】

坡上长菠萝，坡下玩陀螺。坡上掉菠萝，菠萝砸陀螺。砸破陀螺补陀螺，顶破菠萝剥菠萝。

üe

发音时由 ü 开始，舌位下滑到前中元音 ê，唇形由圆到不圆。ü 较短，ê 响而长。

发音练习：雀跃 quèyuè　的确 díquè　攫取 juéqǔ　缔约 dìyuē

■绕口令■

【喜鹊】

一群灰喜鹊，一群黑喜鹊。灰喜鹊飞进黑喜鹊群，黑喜鹊群里有灰喜鹊。黑喜鹊飞进灰喜鹊群，灰喜鹊群里有黑喜鹊。

（三）鼻韵母的发音

鼻韵母的发音有两个特点：一是发音时由元音向鼻辅音过渡，逐渐增加鼻音色彩，最后形成鼻辅音；二是鼻韵母的发音不是以鼻辅音为主，而是以元音为主。元音清晰响亮，鼻辅音重在做出发音状态，发音不太明显。

1. 前鼻音鼻韵母

an

舌尖抵住下齿背，舌位降到最低，关闭鼻腔通路，从前低不圆唇元音 a 开始，舌面升高，舌面前部抵住硬腭前部。口形先开后合，舌位动程较大。

发音练习：斑斓 bānlán　黯然 ànrán　摊贩 tānfàn　参展 cānzhǎn

■绕口令■

【蓝布棉门帘】

出前门，往正南，有个面铺面冲南，门口挂着蓝布棉门帘。摘了它的蓝布棉门帘，棉铺面冲南，给它挂上蓝布棉门帘，面铺还是面冲南。

en

从央元音 e 开始，舌面升高，舌面前部抵住硬腭前部，当两者将要接触时，软腭下降，打开鼻腔通路，同时舌面前部与硬腭前部闭合，使在口腔受到阻碍的气流从鼻腔里透出。口形由开到闭，舌位动程较小。

发音练习：人身 rénshēn　振奋 zhènfèn　认真 rènzhēn　粉尘 fěnchén

■绕口令■

【小陈和小沈】

小陈去卖针，小沈去卖盆。俩人挑着担，一起出了门。小陈喊卖针，小沈喊卖盆。也不知是谁卖针，也不知是谁卖盆。

in

舌尖抵住下齿背，软腭上升，关闭鼻腔通路。从舌位最高的元音 i 开始，舌位升高，舌面前部抵住硬腭前部。开口度几乎没有变化，舌位动程很小。

发音练习：亲信 qīnxìn　民心 mínxīn　濒临 bīnlín　殷勤 yīnqín

■绕口令■

【土变金】

你也勤来我也勤,生产同心土变金。工人农民亲兄弟,心心相印团结紧。

ün

起点元音是前高圆唇元音 ü。与 in 的发音过程只是唇形变化不同。从圆唇的前元音 ü 开始,唇形从圆唇逐步展开,而 in 唇形始终是展唇。

发音练习:军训 jūnxùn　围裙 wéiqún　均匀 jūnyún　俊俏 jùnqiào

■绕口令■

【换裙子】

军车运来一堆裙,一色军用绿色裙。军训女生一大群,换下花裙换绿裙。

ian

发音时,从前高元音 i 开始,舌位向前低元音 a 的方向滑降。舌位只降到前次低元音[ɛ]的位置就开始升高,直到舌面前部抵住硬腭前部形成鼻音—n。

发音练习:电线 diànxiàn　面前 miànqián　变迁 biànqiān　沿线 yánxiàn

■绕口令■

【半边莲】

半边莲,莲半边,半边莲长在山涧边。半边天路过山涧边,发现这片半边莲。半边天拿来一把镰,割了半筐半边莲。半筐半边莲,送给边防连。

uan

发音时,从圆唇的后高元音 u 开始,口形迅速由合口变为开口,舌位向前迅速滑降到前低不圆唇元音 a;然后舌位升高,直到舌面前部抵住硬腭前部形成鼻音—n。

发音练习:贯穿 guànchuān　换算 huànsuàn　婉转 wǎnzhuǎn　专款 zhuānkuǎn

■绕口令■

【帆船】

大帆船,小帆船,竖起桅杆撑起船。风吹帆,帆引船,帆船顺风转海湾。

uen

发音时,从圆唇的后高元音 u 开始,向央元音 e 滑降,然后舌位升高,直到舌面前部抵住硬腭前部形成鼻音—n。

发音练习:温顺 wēnshùn　混沌 hùndùn　论文 lùnwén　谆谆 zhūnzhūn

■绕口令■

【孙伦打靶】

孙伦打靶真叫准,半蹲射击特别神,本是半路出家人,摸爬滚打练成神。

üan

发音时，从圆唇的前高元音 ü 开始，向前低元音 a 的方向滑降。舌位只降到前次低元音 [ɛ] 略后就开始升高，直到舌面前部抵住硬腭前部形成鼻音—n。

发音练习：轩辕 xuānyuán　源泉 yuánquán　圆圈 yuánquān　全权 quánquán

■绕口令■

【画圆圈】

圆圈圆，圈圆圈，圆圆娟娟画圆圈。娟娟画的圈连圈，圆圆画的圈套圈，娟娟圆圆比圆圈，看看谁的圆圈圆。

2. 后鼻音鼻韵母

ang

起点元音是后低不圆唇元音 a，口大开，舌尖离开下齿背，舌头后缩。从后低不圆唇元音 a 开始，舌面后部抬起，当贴近软腭时，软腭下降，打开鼻腔通路，紧接着舌根与软腭接触，封闭了口腔通路，气流从鼻腔里透出。

发音练习：厂房 chǎngfáng　党章 dǎngzhāng　帮忙 bāngmáng　螳螂 tángláng

■绕口令■

【小光和小刚】

小光和小刚，抬着水桶上山岗。上山岗，歇歇凉，拿起竹竿玩打仗。乒乒乒，乓乓乓，打来打去砸了缸。小光怪小刚，小刚怪小光，小光小刚都怪竹竿和水缸。

eng

起点元音是央元音 e，口半闭，展唇，舌身后缩，舌尖离开下齿背，舌面后部隆起，比发单元音 e 的舌位略低。从 e 开始，舌面后部抬起，贴向软腭。当两者将要接触时，软腭下降，打开鼻腔通路，紧接着舌面后部抵住软腭，使在口腔受到阻碍的气流，从鼻腔里透出。

发音练习：丰盛 fēngshèng　萌生 méngshēng　生成 shēngchéng　更正 gēngzhèng

■绕口令■

【台灯和屏风】

郑政捧着盏台灯，彭澎扛着架屏风。彭澎让郑政扛屏风，郑政让彭澎捧台灯。

ing

起点元音是前高不圆唇元音 i，舌尖接触下齿背，舌面前部隆起。从 i 开始，舌面隆起部不降低，一直后移，舌尖离开下齿背，逐步使舌面后部隆起，贴向软腭。当两者将要接触时，软腭下降，打开鼻腔通路，紧接着舌面后部抵住软腭，封闭了口腔通路，气流从鼻腔透出。口形没有明显变化。

发音练习：定型 dìngxíng　精明 jīngmíng　冰晶 bīngjīng　惊醒 jīngxǐng

■绕口令■

【天上七颗星】

天上七颗星，树上七只鹰，梁上七个钉，台上七盏灯。拿扇扇了灯，用手拔了钉，举枪打了鹰，乌云盖了星。

ong

起点元音是比后高圆唇元音 u 舌位略低的次高后元音 [u]，舌尖离开下齿背，舌头后缩，舌面后部隆起，软腭上升，关闭鼻腔通路。从次高后元音 [u] 开始，舌面后部贴向软腭。当两者将要接触时，软腭下降，打开鼻腔通路，紧接着舌面后部抵住软腭，封闭了口腔通路，气流从鼻腔里透出，唇形始终拢圆。

发音练习：公共 gōnggòng　从容 cóngróng　共同 gòngtóng　溶洞 róngdòng

■绕口令■

【炖冻豆腐】

会炖我的炖冻豆腐，来炖我的炖冻豆腐，不会炖我的炖冻豆腐，就别炖我的炖冻豆腐。要是混充会炖我的炖豆腐，那就吃不成我的炖冻豆腐。

iang

发音时，从前高元音 i 开始，舌位向后滑降到后低不圆唇元音 a，然后舌位升高，接续鼻音—ng。

发音练习：踉跄 liàngqiàng　响亮 xiǎngliàng　想象 xiǎngxiàng　向阳 xiàngyáng

■绕口令■

【羊撞墙】

杨家养了一只羊，蒋家修了一道墙。杨家的羊撞倒了蒋家的墙，蒋家的墙压死了杨家的羊。杨家要蒋家赔杨家的羊，蒋家要杨家赔蒋家的墙。

uang

发音时，从圆唇的后高元音 u 开始，舌位滑降至后低不圆唇元音 a，然后舌位升高，接续鼻音—ng。唇形从圆唇渐变为展唇。

发音练习：矿床 kuàngchuáng　双簧 shuānghuáng　狂妄 kuángwàng　装潢 zhuānghuáng

■绕口令■

【王庄和匡庄】

王庄卖筐，匡庄卖网。王庄卖筐不卖网，匡庄卖网不卖筐。你要买筐别去匡庄去王庄，你要买网别去王庄去匡庄。

ueng

发音时，从圆唇的后高元音 u 开始，舌位滑降到后半高元音 e（稍稍靠前略低）的位置，然后舌位升高，接续鼻音—ng。唇形从圆唇渐变为展唇。在普通话里，韵母 ueng 只有一种零声母的音节形式 weng。

发音练习：翁 wēng　瓮 wèng　老翁 lǎowēng　小瓮 xiǎowèng

iong

发音时，由前高元音 i 开始，舌位向后略向下滑动到后次高圆唇元音［u］的位置，然后舌位升高，接续鼻音—ng。

发音练习：贫穷 pínqióng　小熊 xiǎoxióng　汹涌 xiōngyǒng　甬道 yǒngdào

四、韵母发音辨正

（一）单韵母辨正

1. 分辨 i 与 ü

i 与 ü 的区别在于是否是圆唇。i 与 ü 的发音很容易掌握，在 i 的基础上把唇形变成圆形即可发出 ü。

发音辨正练习：

你 nǐ　女 nǚ　漆 qī　区 qū

办理 bànlǐ　伴侣 bànlǚ　歧义 qíyì　区域 qūyù

2. 分辨 e 和 o

e 和 o 的区别在于是否是圆唇。e 是不圆唇元音（扁唇音），o 是圆唇元音，其他发音条件都是相同的。o 一般人都会发，可以利用它来发好 e，即在 o 的基础上，舌位前后、舌位高低都不动，调整口形，把圆唇音改为扁唇音即可。

发音辨正练习：

摸 mō　佛 fó　薄 bó　壳 ké

叵测 pǒcè　合格 hégé　特色 tèsè　破格 pògé

3. 单元音 er

er 只能自成音节，不与任何声母相拼，构成的字也很少，普通话中基本就是"儿、而、尔、耳、二"这五个独体字，以及"而、尔、耳"为声旁的形声字。er 发音中的问题主要有两个：一是口张得太大；二是舌头不能上卷至硬腭中部。

发音辨正练习：

而 ér　迩 ěr　洱 ěr　二 èr

儿童 értóng　偶尔 ǒu'ěr　饵料 ěrliào　二胡 èrhú

(二) 复韵母辨正

1. 分辨 o 和 uo

o 和 uo 的发音区别在于口型是否有变化：o 是单韵母，口形始终不变。uo 是复韵母，口形从 u 到 o 稍有动程变化。

发音辨正练习：

播 bō　缩 suō　默 mò　阔 kuò

剥夺 bōduó　薄弱 bóruò　琢磨 zuómo　着墨 zhuómò

2. 分辨 u 和 ou

u 和 ou 的发音区别在于口型是否有变化：u 是单韵母，舌位口形始终不变。ou 是复韵母，口形从 o 到 u 舌位和唇形都有动程变化。

发音辨正练习：

疏 shū　收 shōu　兔 tù　透 tòu

大路 dàlù　大楼 dàlóu　毒针 dúzhēn　斗争 dòuzhēng

(三) 鼻韵母辨正

1. 分辨 an 和 ang

an 是前鼻音鼻韵母，发音由前低不圆唇元音 a 开始发音，舌尖活动是顶下齿背到抵上牙龈部分，舌面稍升，舌前伸。收音时 an 上下齿闭拢。

ang 是后鼻音鼻韵母，发音由后低不圆唇元音 a 开始发音，舌尖离开下齿背，舌头后缩，舌根抬起与软腭接触，舌头后缩。收音时，嘴形微开。

发音辨正练习：

敢 gǎn　港 gǎng　蓝 lán　狼 láng

帆 fān　方 fāng　盘 pán　旁 páng

感伤 gǎnshāng　港商 gǎngshāng　干净 gānjìng　刚劲 gāngjìng

赞颂 zànsòng　葬送 zàngsòng　心烦 xīnfán　新房 xīnfáng

2. 分辨 en 和 eng

en 是前鼻音鼻韵母，发音部位在口腔前部，发音时舌尖与上齿龈接触，舌要往前伸，舌尖要往上抬。

eng 是后鼻音鼻韵母，发音部位在口腔后部，发音时舌根与软腭接触，舌要往后缩，舌根要往上抬。

发音辨正练习：

粉 fěn　讽 fěng　痕 hén　恒 héng

岑 cén　层 céng　神 shén　绳 shéng

申明 shēnmíng　声明 shēngmíng　秋分 qiūfēn　秋风 qiūfēng

分流 fēnliú　风流 fēngliú　沉寂 chénjì　成绩 chéngjì

3. 分辨 in 和 ing

in 是前鼻音鼻韵母，ing 是后鼻音鼻韵母。两者的区别在于发音的部位不同，in 是齿龈音，舌头顶在齿龈的位置，不后缩；ing 是软腭音，发音时舌头往后缩，舌根与软腭形成阻碍，使气流从后口腔进入鼻腔，发出后鼻音。

发音辨正练习：

彬 bīn　冰 bīng　信 xìn　兴 xìng

琳 lín　零 líng　饮 yǐn　影 yǐng

禁地 jìndì　境地 jìngdì　亲身 qīnshēn　轻生 qīngshēng

民意 mínyì　名义 míngyì　人民 rénmín　人名 rénmíng

第四节　声　调

一、什么是声调

在汉语里，音高的升降能够区别意义。这种能区别意义的音高升降叫作声调，又叫作字调，例如"妈"（mā）和"马"（mǎ）就是靠声调区别意义的。

声调的高低升降主要决定于音高，而音高的变化又是由发音时声带的松紧决定的。发音时，声带越紧，在一定时间内振动的次数越多，音高就越高；声带越松，在一定时间内振动的次数越少，音高就越低。在发音过程中，声带可以随时调整，有时可以一直绷紧，有时可以先放松后绷紧，或先绷紧后放松，有时松紧相间。这就造成了不同音高的变化，也就构成了不同的声调。

普通话声调是区别意义的重要条件，是汉语章节中非常重要的组成部分。如果说话时没有声调，就无法准确表达汉语的意义，也不能完整地标注汉语的语音。相同的声母、韵母组合在一起，可以因为声调的不同而表示不同的意思。例如：

dáyí　dàyì　shānxī　shǎnxī　gūlì　gǔlì

答疑　大意　山西　陕西　孤立　股利

huìyì　huíyì　lízǐ　lìzi　túdì　tǔdì

会议　回忆　梨子　栗子　徒弟　土地

二、调值、调类、调号

（一）调值

调值是声调的实际读法，即高低升降的形式。普通话语音的调值有高平调、中升调、降升调和全降调4种基本类型，也就是说，普通话的声调有这4种调值。

描写声调的调值，通常用"五度标记法"：用一条竖线表示高低，竖线的左边用横线、斜线、曲线，表示声调高低、升降、曲直的变化。竖线的刻度分为"低、半低、中、半高、高"五度，用1、2、3、4、5表示，1表示"低"，2表示"半低"，依次类推。平调和降调用两个数字，曲折调用3个数字。

根据这种标调法，普通话声调的四种调值可以用图表示出来。

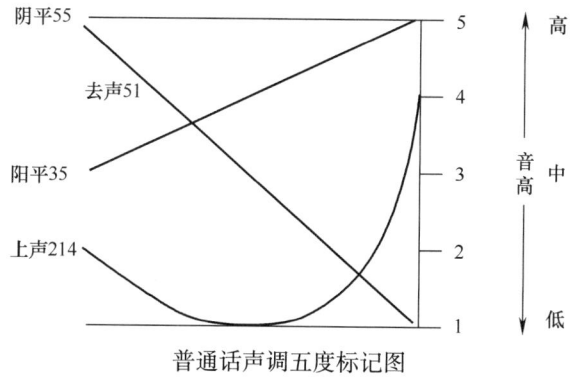

普通话声调五度标记图

55、35、214、51表示声调实际的高低升降，叫做调值。为了便于书写和印刷，一般用标数码的方式来表示调值变化。

（二）调类

普通话有4种基本调值，可以归并为4个调类。根据古今调类演变的对应关系，定名为阴平、阳平、上声和去声。

（1）阴平。高而平，叫高平调。发音时，由5度到5度，简称55。例字：妈、督、先、通。

（2）阳平。由中音升到高音，叫中升调。发音时，由3度到5度，简称35。例字：麻、毒、荚、贤、铜。

（3）上声。由半低音降到低音再升到半高音，叫降升调。发音时，由2度降到1度，再升到4度，简称214。例字：马、赌、甲、显、桶。

（4）去声。由高音降到低音，叫全降调。发音时，由5度到1度，简称51。例字：骂、豆、价、痛。

四声歌：

学好声韵辨四声，阴阳上去要分明。部位方法要找准，开齐合撮属口形。双唇班报必百波，舌面积结教坚精。翘舌主争真知道，平舌资则早在增。擦音发翻飞分复，送气查柴产彻称。合口呼午枯胡古，开口呼坡歌安康。撮口虚学寻徐剧，齐齿衣优摇业英。前鼻恩固烟弯稳，后鼻昂迎中拥生。咬紧字头归字尾，阴阳上去记变声。循序渐进坚持练，不难达到纯和清。

（三）调号

调号就是标记普通话调类的符号。《汉语拼音方案》所规定的调号是阴平"-"，阳平"ˊ"，上声"ˇ"，去声"ˋ"。声调是整个音节的高低升降的调子，声调的高低升降的变化主要集中体现在韵腹即主要元音上。所以调号要标在韵母的韵腹上。

汉语6个主要元音中，发音最响亮的是a，依次是o、e、i、u、ü。一个音节有a，调号就标在a上，如chāo（超）；没有a，就标在o或e上，如zhōu（周）；碰到iu、ui组成的音节，就标在最后一个元音上，如niú（牛）、duì（队）。调号如标在i上，i上面的圆点可以省去，如yīng（英）。轻声不标调，如māma（妈妈）。

三、声调发音分析

普通话声调的发音有鲜明的特点，阴平、阳平、上声和去声调形区别明显：一平、二升、三曲、四降。

（一）阴平

调值为55，发音时声带绷到最紧，且无变化，保持高音。

发音练习：

供需 gōngxū　低微 dīwēi　军官 jūnguān　夸张 kuāzhāng

（二）阳平

调值为35，发音时声带从不松不紧的中区开始起音，逐渐绷紧升高至阴平处为止，声音由不高不低逐渐升到最高。

发音练习：

航行 hángxíng　其实 qíshí　榴莲 liúlián　顽强 wánqiáng

（三）上声

调值为214，发音时声带从稍有些紧张开始，立刻松弛下来，且延长又迅速绷紧。

发音练习：

勉强 miǎnqiǎng　奶粉 nǎifěn　旅馆 lǚguǎn　好转 hǎozhuǎn

（四）去声

调值为51，发音时声带从最紧张开始至完全松弛为止，声音由高到低，是4个声调中音长最短的。

发音练习：

树立 shùlì　　变化 biànhuà　　剧烈 jùliè　　驾驭 jiàyù

■绕口令■

【妈妈骑马】

妈妈骑马，马慢，妈妈骂马。舅舅搬鸠，鸠飞，舅舅揪鸠。姥姥喝酪，酪融，姥姥捞酪。妞妞轰牛，牛拧，妞妞拧牛。

四、调值辨正

（一）阴平的辨正

调值不够高。阴平调值是55，但有方言区念成44（沈阳、成都）、33（长沙），甚至11（溧县），如"现在开始播音"中的"播音"两个字念成最低音11就带有较明显的方言色彩。

发音辨正练习：

诗篇 shīpiān　　出家 chūjiā　　张贴 zhāngtiē　　纷争 fēnzhēng

阴平读成降调。例如，普通话"生生不息"中的"生生"本是高平，天津、南京、兰州、南昌、绍兴等地却读成下降的调子，听起来像是"胜胜"。

发音辨正练习：

失落 shīluò　　推断 tuīduàn　　伺机 sìjī　　希冀 xījì

阴平读成降升调。有方言区的人，高平调拐弯，如山东济南、泰安等地，把"茶杯"的"杯"发成类似普通话"北"的音，而"纸张"中的"张"类似"掌"。

发音辨正练习：

农耕 nónggēng　　财经 cáijīng　　竞相 jìngxiāng　　客车 kèchē

（二）阳平的辨正

阳平读成平调。内蒙古等地的人，将普通话中的阳平字读为平调，如"方糖"中的"糖"听起来像"汤"，"去年"中的"年"又像是"拈"。

发音辨正练习：

权限 quánxiàn　　提纲 tígāng　　动情 dòngqíng　　文教 wénjiào

阳平读为降调。济南、成都、福州等地易把阳平读成降调42、41或52，如"学生"中的"学"类似"穴"，"权力"中的"权"听似"劝"。而南京、长沙、厦门和吴方言区的苏州、绍兴、上海等地，容易把阳平读成低升调13或24，而不是中升调35。

发音辨正练习：

告辞 gàocí　　别墅 biéshù　　杂费 záfèi　　轮回 lúnhuí

（三）上声的辨正

上声调值不完全。上声调值是214。发音时，要前短后长。但有些地区的人由于习惯，往往读得前长后短，致使声调不完全。沈阳、南昌地区则发成213的调值。

发音辨正练习：

结尾 jiéwěi　　平整 píngzhěng　　俗语 súyǔ　　糖果 tángguǒ

祈祷 qídǎo　　着想 zhuóxiǎng　　神采 shéncǎi　　竹笋 zhúsǔn

上声读成降调。闽方言区的人，尤其是厦门人，易把上声字念成全降调51，与普通话里的去声调值一样，如把"是你"中的"你"发成"腻"，把"网络"中的"网"发成"旺"。

发音辨正练习：

处所 chùsuǒ　　复古 fùgǔ　　隶属 lìshǔ　　地毯 dìtǎn

宁肯 nìngkěn　　字典 zìdiǎn　　号角 hàojiǎo　　落伍 luòwǔ

上声读为平调。山东方言区除了烟台外的绝大部分地区，像济南、青岛、泰安、临沂、菏泽等地，在发上声时，听起来就像是高平调55；而滨州、潍坊、东营等地又读成低平调44。例如，"饭碗"里的"碗"听起来像是"弯"，"营养"中的"养"又类似"秧"。上海话里的上声也易读作平调33。

发音辨正练习：

操场 cāochǎng　　机敏 jīmǐn　　多寡 duōguǎ　　花鸟 huāniǎo

鲜美 xiānměi　　黑板 hēibǎn　　喧嚷 xuānrǎng　　屋脊 wūjǐ

（四）去声的辨正

去声读成升调或平调。兰州、四川地区的人把去声读成低升调13，在发"四川"中的"四"时听起来像是"死"；而汉口地区易读为阳平调35，南京等地则发成平调44或55。

发音辨正练习：

黑洞 hēidòng　　欣慰 xīnwèi　　音量 yīnliàng　　支架 zhījià

疏散 shūsàn　　残暴 cánbào　　嫉妒 jídù　　劳作 láozuò

去声读为降升调。南方地区的苏州、福建等地有把"看一看"读成类似"砍一砍""急躁"中的"躁"与"早"相似的现象。

发音辨正练习：

世面 shìmiàn　　俯瞰 fǔkàn　　现任 xiànrèn　　在望 zàiwàng

可贵 kěguì　　锦绣 jǐnxiù　　假若 jiǎruò　　火力 huǒlì

五、声调发音练习

（一）单音节字词声调训练

妈 mā　　麻 má　　马 mǎ　　骂 mà　　搭 dā　　答 dá　　打 dǎ　　大 dà

坡 pō　　婆 pó　　叵 pǒ　　破 pò　　疵 cī　　词 cí　　此 cǐ　　次 cì

（二）双音节词语声调训练

同调训练

1. 全阴平词语练习

包装 bāozhuāng　　商标 shāngbiāo　　青春 qīngchūn　　优先 yōuxiān

沙滩 shātān　　　　参观 cānguān　　　期间 qījiān　　　初秋 chūqiū

2. 全阳平词语练习

儿童 értóng　　　　联盟 liánméng　　　形成 xíngchéng　　成全 chéngquán

男人 nánrén　　　　来源 láiyuán　　　　神奇 shénqí　　　吉祥 jíxiáng

3. 全上声词语练习

本土 běntǔ　　　　采访 cǎifǎng　　　　美好 měihǎo　　　影响 yǐngxiǎng

党委 dǎngwěi　　　可以 kěyǐ　　　　　渺小 miǎoxiǎo　　选举 xuǎnjǔ

4. 全去声词语练习

浪漫 làngmàn　　　耐力 nàilì　　　　　怄气 òuqì　　　　论证 lùnzhèng

症状 zhèngzhuàng　内乱 nèiluàn　　　　运动 yùndòng　　利润 lìrùn

异调训练

1. 阴平、阳平

深情 shēnqíng　　　温柔 wēnróu　　　　兵团 bīngtuán　　波纹 bōwén

2. 阴平、上声

发展 fāzhǎn　　　　钢铁 gāngtiě　　　　经典 jīngdiǎn　　欢喜 huānxǐ

3. 阴平、去声

侵略 qīnlüè　　　　发现 fāxiàn　　　　专利 zhuānlì　　　心血 xīnxuè

4. 阳平、阴平

红军 hóngjūn　　　年轻 niánqīng　　　权威 quánwēi　　　决心 juéxīn

5. 阳平、上声

情感 qínggǎn　　　平坦 píngtǎn　　　　模仿 mófǎng　　　民主 mínzhǔ

6. 阳平、去声

全部 quánbù　　　　前进 qiánjìn　　　　明亮 míngliàng　　童话 tónghuà

7. 上声、阴平

海关 hǎiguān　　解剖 jiěpōu　　讲师 jiǎngshī　　普通 pǔtōng

8. 上声、阳平

本能 běnnéng　　改革 gǎigé　　理由 lǐyóu　　委员 wěiyuán

9. 上声、去声

礼物 lǐwù　　忍耐 rěnnài　　体育 tǐyù　　总算 zǒngsuàn

10. 去声、阴平

贯穿 guànchuān　　特征 tèzhēng　　外交 wàijiāo　　最终 zuìzhōng

11. 去声、阳平

历来 lìlái　　教学 jiàoxué　　断层 duàncéng　　矿床 kuàngchuáng

12. 去声、上声

背景 bèijǐng　　市场 shìchǎng　　物种 wùzhǒng　　占领 zhànlǐng

(三) 三音节词语声调训练

1. 三字同调训练

收音机 shōuyīnjī　　氨基酸 ānjīsuān　　形容词 xíngróngcí

胆小鬼 dǎnxiǎoguǐ　　展览馆 zhǎnlǎnguǎn　　电气化 diànqìhuà

2. 三字异调训练

解放军 jiěfàngjūn　　劳动者 láodòngzhě　　标准化 biāozhǔnhuà

奏鸣曲 zòumíngqǔ　　胰岛素 yídǎosù　　寄生虫 jìshēngchóng

3. 其他

出发点 chūfādiǎn　　技术员 jìshùyuán　　唯物论 wéiwùlùn

化合物 huàhéwù　　辩证法 biànzhèngfǎ　　黄鼠狼 huángshǔláng

(四) 四音节词语声调训练

1. 四字同调训练

息息相关 xīxī-xiāngguān　　严格执行 yángé-zhíxíng

岂有此理 qǐyǒu-cǐlǐ　　万籁俱寂 wànlài-jùjì

2. 四声顺序

花红柳绿 huāhóng-liǔlǜ　　风调雨顺 fēngtiáo-yǔshùn

飞禽走兽 fēiqín-zǒushòu　　雕虫小技 diāochóng-xiǎojì

3. 四声逆序

背井离乡 bèijǐng-líxiāng　　墨守成规 mòshǒu-chéngguī

调虎离山 diàohǔ-líshān　　破釜沉舟 pòfǔ-chénzhōu

第五节　语流音变

什么是语流音变？

在一个语流中，语音有时会发生各种临时变化，这种变化有别于语音经过一段时间而产生的历史变化，这种音变叫作语流音变。

在普通话口语的专业课学习中，必须了解和掌握一整套语音专业的理论知识，并通过长期的训练、比较、吸收、巩固，直至准确、游刃有余地运用到实践当中。汉语语音系统里常见的语流音变现象的表现形式有：轻声、变调、儿化、"一""不"的变调、语气词"啊"的音变等，是学习普通话口语的学生所必须掌握的基本功之一。

一、连读变调及其特点

连读变调：汉语里两个以上音节在连续的时候，由于受相邻音节声调相互影响，有些音节的声调会发生变化，这叫作连读变调。普通话的变调包括上声变调、去声变调、"一"和"不"的变调以及重叠形容词、儿化的音变、语气词"啊"的音变。普通话的连读变调在上声字里表现最为突出。

汉语是有声调的语言。调类包括阴平、阳平、上声、去声四个，它们的基本调值用五度标记法分别记作［55］［35］［214］［51］。在语流里，由于音节和音节相连时相互发生影响，基本调值会发生变化，这就是连读变调。

二、轻声变调规律

四声与轻声的组合形式			例词	注音	轻声调值
阴平＋轻声			桌子	zhuōzi	31
阳平＋轻声			帘子	liánzi	31
上声＋	轻声	（上声）	椅子	yǐzi	44
		（非上声）	骨头	gǔtou	
	轻声（部分上声）		打点	dǎdian	31
去声＋轻声			凳子	dèngzi	31

三、上声变调规律

上声的变调分为两种。

1. 上声与非上声的连读变调

(1) 上声在阴平、阳平、去声前变成半上,即由 214 变为 211。

① 上声在阴平前:主 [214]——主张 [211]。

北方 běi fāng　小心 xiǎoxīn　曙光 shǔguāng

普通 pǔtōng　垦荒 kěnhuāng　表彰 biǎozhāng

② 上声在阳平前:起 [214]——起航 [211]。

指责 zhǐzé　羽毛 yǔmáo　旅游 lǚyóu

口才 kǒucái　草原 cǎoyuán　祖国 zǔguó

③ 上声在去声前:感 [214]——感谢 [211]。

笔画 bǐhuà　丑恶 chǒu'è　暖室 nuǎnshì

满意 mǎnyì　柳树 liǔshù　好像 hǎoxiàng

(2) 上声在轻声音节前时,有两种读法。

① 第一个音节的上声读阳平,即 [35]。一般是单音节动词重叠和在一些习惯上第二个音节读轻声的双音节词语里。

走走 zǒuzou——zóuzou　写写 xiěxie——xiéxie

洗洗 xǐxi——xíxi　打手 dǎshou——dáshou

找补 zhǎobu——zháobu　哪里 nǎli——náli

② 第一个音节的上声读半上,即 [211]。

亲属称谓中的上声重叠词、由"子"构成的名词,口语词基本上都如此变调。

奶奶 nǎinai　姐姐 jiějie　姥姥 lǎolao

椅子 yǐzi　本子 běnzi　小子 xiǎozi

马虎 mǎhu　耳朵 ěrduo　老实 lǎoshi

2. 上声与上声的连读变调

(1) 两个上声连读,前一个上声变成阳平,即由 [214] 变成 [35]。

感慨 gǎnkǎi——gánkǎi　保守 bǎoshǒu——báoshǒu

也许 yěxǔ——yéxǔ　美好 měihǎo——méihǎo

管理 guǎnlǐ——guánlǐ　可以 kěyǐ——kéyǐ

手表 shǒubiǎo——shóubiǎo　了解 liǎojiě——liáojiě

(2) 3 个上声连读时,主要有两种形式。

① 第一种的结构是"2+1"(展览+馆),那么前两个音节都变调为 [35],变成"35+35+214",这种结构叫作双单格。

展览馆 zhǎnlǎnguǎn——zhánlánguǎn

手写体 shǒuxiětǐ——shóuxiětǐ

洗脸水 xǐliǎnshuǐ——xíliánshuǐ

管理法 guǎnlǐfǎ——guánlífǎ

② 第二种的结构是"1+2"（很+美满），第一个音节变为半上 [211]，第二个音节变为 [35]，读成"211+35+214"，这种结构叫作单双格。

很美满 hěnměimǎn——hěnméimǎn

小老虎 xiǎolǎohǔ——xiǎoláohǔ

好领导 hǎlǐngdǎo——hǎlíngdǎo

买保险 mǎibǎoxiǎn——mǎibáoxiǎn

四、"一""不"变调规律

（一）"一"的变调

1. 单用或在词语末尾读原调阴平

一、二、三 yī、èr、sān 十月一日 shíyuèyīrì

一楼 yīlóu 初一 chūyī 第一 dìyī

统一 tǒngyī 始终如一 shǐzhōngrúyī

一一过问 yīyīguòwèn

2. 在去声前读阳平

一路 yīlù——yílù 一律 yīlǜ——yílǜ

一定 yīdìng——yídìng 一概 yīgài——yígài

一旦 yīdàn——yídàn 一贯 yīguàn——yíguàn

3. 在非去声（阴平、阳平、上声）前读去声

（1）阴平前。

一生 yīshēng——yìshēng 一只 yīzhī——yìzhī

一身 yīshēn——yìshēn

（2）阳平前。

一齐 yīqí——yìqí 一层 yīcéng——yìcéng

一同 yītóng——yìtóng

（3）上声前。

一举 yījǔ——yìjǔ 一早 yīzǎo——yìzǎo

一手 yīshǒu——yìshǒu

4. 在重叠动词中间读轻声

听一听 tīngyitīng　说一说 shuōyishuō

读一读 dúyidú　谈一谈 tányitán

走一走 zǒuyizǒu　跑一跑 pǎoyipǎo

试一试 shìyishì　笑一笑 xiàoyixiào

（二）"不"的变调

1. 单用、在词语末尾读原调去声

不，不！bù，bù！　我就不 wǒjiùbù

绝不 juébù　偏不 piānbù

2. 在非去声前读原调去声

（1）阴平前。

不安 bù'ān　不禁 bùjīn　不惜 bùxī

（2）阳平前。

不平 bùpíng　不良 bùliáng　不祥 bùxiáng

（3）上声前。

不等 bùděng　不法 bùfǎ　不久 bùjiǔ

3. 在去声前读阳平

不料 bùliào——búliào　不会 bùhuì——búhuì

不断 bùduàn——búduàn　不错 bùcuò——búcuò

不幸 bùxìng——búxìng　不愧 bùkuì——búkuì

4. 夹在词语中间读轻声

擦不擦 cābucā　多不多 duōbuduō

忙不忙 mángbumáng　圆不圆 yuánbuyuán

冷不冷 lěngbulěng　等不等 děngbuděng

快不快 kuàibukuài　像不像 xiàngbuxiàng

听不懂 tīngbudǒng　来不及 láibují

起不来 qǐbulái　看不见 kànbujiàn

五、"儿化"音变及其特点

儿化是汉语的一种构词方式。所谓儿化，指的是卷舌元音 er 与它前一音节的韵母结合成一个音节，并使这个韵母因卷舌而发生音变。这种音变现象就叫作儿化。因儿化音变而成的卷舌韵母叫"儿化韵母"，包含儿化韵母的音节叫儿化音节。由于地域上的原因，"儿"的读音千变万化，导致出现的儿化的表征亦有所不同。汉语方言里，北京话以多儿化而闻名。

儿化的基本性质是在原音节发音的同时带上一个卷舌动作。儿化音节用汉字书写是两个字。

er 韵母叫儿韵，只有"儿、而"ér、"尔、耳、迩、饵"ěr、"二、贰"èr 等很少几个常用字，有具体的意义。除此之外，er 还有另外的作用，它可以和韵母结合起来，使这个韵母发音时带有卷舌色彩，这就是"儿化韵"。一般不表示什么具体的意义。

"儿化韵"是韵母的一种音变现象。韵母儿化以后读音要发生变化，在发这个音节的同时韵母就产生卷舌动作，虽然读音只是一个音节，但是在书写上一般要用两个汉字。如："花儿"中的"花"和"儿"结合成一个"儿化音节"。《汉语拼音方案》规定，用拼音字母拼写儿化韵，一律在原韵母后面加一个 r 来表示。

在汉语中，儿作词尾时读音有变化，在读这种句子的时候，如果仍然把"儿"按一个独立的字音来读，听起来会很别扭。读儿化音，在前面一个音节的韵母末尾加个卷舌动作即可。

读法要领：在念"儿"前面一个音节的同时，把舌尖轻轻向上一卷。增加这样一个卷舌动作，可以使我们的语言更丰富，更准确，同时，也使我们的语言更富有美感。

（一）儿化的作用及特点

普通话里的儿化词，大都具有区别词义、区分词性或表示一定感情色彩的作用。

（1）语法上，区分词性，使词性发生转化。例如：

画（动词）——画儿（名词）　破烂（形容词）——破烂儿（名词）

（2）词汇上，区别词义，使词义发生变化。例如：

信（信件）——信儿（消息、信息）　头（脑袋）——头儿（上司）

（3）修辞上，表示细小或者带有喜爱、亲切等感情色彩。例如：

鲜花儿、小孩儿、米粒儿、有趣儿

（4）语音上沿袭北京话口语习惯。

① 哪儿去了，没边儿没沿儿的。

② 一大早儿就遛弯儿去了。

③ 这天儿真好，明儿见。

注意：有时在文章中根据节律的需要，"儿"要成独立音节。

北京话中有很多儿化的现象，这是一种方言的语音习惯。朗读作品时，除人物对话中的和已经定型化了的儿化词外，为协调音节，有时儿化词中的"儿"也可单独念成一个音节，如：诗歌中的一些"儿""花儿为什么这样红""绝不学痴情的鸟儿"。非儿化词中的"儿"更读成一个音节，如："男儿志在四方""混血儿"等。

（二）儿化的音变规律

儿化韵是以北京话为代表的大部分北方方言的特点之一，既具有一定的语法功能，又体现了浓郁的口语色彩。普通话口语是具有一定书面语色彩的口语语体，它"面向大众传播，具有公开性、示范性、引导性、通俗性，（语体风格）应当介于'正式'与'通常'之间"，体现在儿化词的处理上，就是有选择地吸收。

方言区人不容易发好儿化韵，主要障碍在于有些韵母（尾）不便于卷舌，需要注意它们的读音变化规律：

（1）音节末尾最后一个元音是 a、o、e、ê、u，在发这个元音的同时韵母直接卷舌，如：

鲜花儿 xiānhuār　台阶儿 táijiēr

山坡儿 shānpōr　干活儿 gànhuór

水珠儿 shuǐzhūr　小狗儿 xiáogǒur

（2）韵尾是 i、n 的韵母，丢掉韵尾，在发韵腹的同时加卷舌动作，如：

小孩儿 háir→hár　香味儿 wèir→wèr

拐弯儿 wānr→wār　唱本儿 běnr→běr

（3）韵母是 i、ü，要在 i、ü 后面加上一个 er（发音比 e 的舌位略前，略低，舌面要放松，《汉语拼音方案》就写 e），同时加卷舌动作，如：

小鸡儿 jīr→jiēr　金鱼儿 yúr→yuér

（4）韵母是—i（前）、—i（后）的，丢掉这个韵母，改成 er，如：

树枝儿 zhīr→zhēr　没事儿 shìr→shèr

鱼刺儿 cìr→cèr　细丝儿 sīr→sēr

（5）后鼻音韵母，丢掉韵尾 ng，发韵腹元音时，口、鼻同时出气，形成鼻化元音并卷舌。如：

药方儿　门洞儿

六、语气词"啊"音变

语气词"啊"的变调规律：

"啊"是一个语气词的虚字，可作叹词单独成句，也可以附着在句子末尾作语气词，和语调相结合，表示陈述、祈使、疑问、感叹等语气类型。例如：

你大声点儿，我听不清啊！　……陈述语气

你快点儿吃啊！　……祈使语气

谁啊？　　　　　　　　　　……疑问语气

哈尔滨的冬天可真冷啊！　　……感叹语气

"啊"本身没有声调，在作叹词时，以语调作为自己的音高变化形式；作为语气词，则体现出句调末端的音高变化趋势，并受前字音高类型的影响。语气词"啊"具有黏附性，本身不具有任何概念意义，因而在语音形式上是弱化的，但由于它是句子表达中主观态度的标记之一，体现着句子语气的细微变化：

这事他知道！　　　　　　　……陈述语气

这事他知道啊！　　　　　　……陈述语气，含有"与'这事他知道'所应发生结果的预期不符，故而产生疑惑"的含义。

当语气助词"啊"处在语句末尾时，由于跟前一个音节连读而受其末尾音素的合音影响，常常发生音变现象。"啊"的音变是一种增音现象（包括同化增音和异化增音）。我们称之为语气词"啊"的音变，在不同的语音环境中，"啊"的读音有不同的变化形式。

（一）"啊"的音变规律

（1）前面音节末尾是 n 的，"啊"的语音形式变成 na，有时文字形式也写作"哪"或"呐"。

duō měi de yún na　　zhēn nán na　　　xiǎo xīn na
多　美　的　云　啊！　真　难　啊！　　 小　心　啊！

（2）前面音节末尾是 ng 的，"啊"的语音形式变成 nga。

hǎo lěng nga　　kuài tīng nga　　　zhēn xiāng nga
好　冷　啊！　　快　听　啊！　　　 真　香　啊！

（3）前面音节末尾是 [u] 的（即韵母为 u、ao、iao），"啊"的语音形式变成 wa，有时文字形式也写作"哇"。

hǎo wa　　　jiā yóu wa　　　zhēn kǔ wa
好　啊！　　加　油　啊！　　 真　苦　啊！

（4）前面音节末尾是 a、o（即韵母为 o 和 uo）、e（包括韵母 ie、üe）、i、ü 的，"啊"的语音形式为 ya，有时文字形式也写作"呀"。

jī ya　　yú ya　　guō ya　　é ya　　xiě ya　　huà ya
鸡　啊　鱼　啊！　锅　啊！　鹅　啊！　写　啊！　画　啊！

（5）前面音节韵母是—i（前）的，"啊"的语音形式变成 [za]。

shì zhēn sī [za]　　　duō měi de táo cí [za]
是　真　丝　啊！　　 多　美　的　陶　瓷　啊！

(6) 前面音节韵母是—i（后）和 er 的，"啊"的语音形式变成 ra。

shuí shuō bú shì [ra]　　　　shì lǎo'èr [ra]
　谁　说　不　是　啊！　　　是　老二　啊！

(二) "啊"的音变例说

(1) ya—（在 a、o、e、i、ü、ê 音素后面时，不包括 ao、iao）。

快打啊！

就等你回家啊！

夸啊！

大家快来吃菠萝啊！

都是记者啊！

好新潮的大衣啊！

日子过得真快啊！

快帮我解围啊！

你怎么不吃鱼啊？

这孩子多活跃啊！

(2) wa—（在 u 音素后面时，包括 ao、iao）。

您在哪儿住啊？

他普通话说得真好啊！

还这么小啊！

屋顶还漏不漏啊？

看你一身油啊！

(3) na—（在—n 音素后面时）。

这件事儿可不简单啊！

笑得真欢啊！

买这么些冷饮啊！

发音真准啊！

(4) nga—（在—ng 音素的后面时）。

小心水烫啊！

小点儿声啊！

行不行啊？

不管用啊！

(5) [ra]—（在舌尖后元音—i、卷舌元音 er 的后面时，在儿化韵后面时）。

没法治啊!

随便吃啊!

什么了不起的事啊!

他是王小二啊!

这儿多好玩儿啊!

(6) [za]—(在舌尖前元音—i 的后面时)。

烧茄子啊!

这是第几次啊?

他就是老四啊!

(7) 儿化音节后的"啊"音变形式较为复杂,可参看下表。

儿化音节	"啊"音变的形式	例　　子
音节末尾为"展唇元音+卷舌动作"的,比如:ar、er 等	直接发一个稍松的 ra,ra 在用力强度、发音清晰度和发音部位的到位程度上稍弱于(6)	花儿啊:huār ra 风车儿啊:chēr ra 台阶儿啊:jiēr ra 小旗儿啊:qíer ra 棋子儿啊:zěr ra 小曲儿啊:quěr ra
音节末尾为"圆唇元音+卷舌动作"的,比如:or、ur、aor、iaor、iour 等	在发松 ra 的同时,唇形由圆变展,可以看作是松 ra 和 wa 两个发音动作的叠加,写作 rwa 但由于唇形变化和卷舌与 a 的拼合有时并不同步,有时也可失落松 wa 的发音色彩,直接发成 ra。在语速稍慢的情况下,也可失落 ra 的发音色彩,直接发成 wa	or 和 uor 后的啊音变,由于唇形变化先于与 a 的拼合,故啊音变的语音形式中 wa 处于极弱状态,有时也可以看作一个单独的 ra,如: 锯末儿啊:mòr ra 火锅儿啊:guōr ra
		小鸟儿啊:niǎor rwa 小鹿儿啊:lùr rwa 小刘儿啊:liúr rwa 小高儿啊:gāor rwa
音节末尾为"鼻化音+卷舌动作"的,比如:angr、ongr、engr 等	angr、ongr 在后面加一个 ra,并将鼻化色彩扩展到 ra 上;在语速稍慢的情况下,也可以发成 nga engr 则在后面加一个松 rwa,并将鼻化色彩扩展到松 rwa 上;语速稍慢时也可发成 nga	这种药方儿啊:fāngr ra 一条麻绳儿啊:shéngr ra 火星儿啊:xīngr ra 是一头小熊儿啊:xiongr ra 小虫儿啊:chóngr ra

七、语　　调

语调是说话的"腔调",同时也是考量普通话是否标准的重要特征,是语言的"灵魂"所在。语调中包含了很多情感、情绪,人在说话时候的声音高低、快慢、长短和语流音变这些都可以体现人的喜怒哀乐、爱恨情仇等情绪、情感。学习普通话，除了要学会标准音的"形似"，还要有掌握语调能力的"神似"，"形神合一"才能更好地说好普通话。语句总体音高变化在朗读中有详细讲解。

词语的轻重音格式如下所述。

（一）词语轻重格式的概念

普通话的轻重音表现在词和句子里，在双音节和多音节词语中轻重强弱的区别，称为词和词语的轻重格式，而字词的轻重音是最基本的。

按照词语内部的轻重程度可分为4个等级：重音、中音、次轻音、最轻音。长而强的音称为重，短而轻的音称为轻，二者之间的音称为中。

（二）词语轻重格式的分类

普通话最基本的轻重音格式主要有以下几种。

1. 双音节

在普通话中，双音节词的轻重格式主要有3种："中·重""重·次轻""重·最轻"。根据词语统计数据，"中·重"格式词语所占比例为95.15%，是双音节词语的基本格式；"重·次轻"格式又称"可轻读词语"，所占比例最小；"重·最轻"格式词语又称"必读轻声词语"。

双音节词语轻重格式练习：

中·重——国家　伟大　汽车　（绝大多数）

重·次轻——艺术　手艺　娇气　（可轻词）

重·最轻——耳朵　妈妈　庄稼　（必轻音）

2. 三音节

在普通话中，三音节字词的轻重格式有3种："中·次轻·重""中·重·最轻""重·最轻·最轻"。其中，"中·次轻·重"格式为三音节词语的基本格式；"中·重·最轻"格式里后面两个音节是轻声词；"重·最轻·最轻"格式中前面两个音节为轻声词。

三音节词语轻重格式练习：

中·次轻·重——炊事员　电视机　（绝大多数）

中·重·最轻——胡萝卜　同学们　（单字+轻声）

重·最轻·最轻——朋友们　姑娘家　（轻声+后缀）

3. 四音节

四音节词的轻重格式有两种："中·次轻·中·重""中·次轻·重·最轻"。

其中，"中·次轻·中·重"格式是四字音节的基本格式；"中·次轻·重·最轻"

通常是两个双音节词语集合而成。

四音节词语轻重格式练习：

中·次轻·中·重——高高兴兴　曲曲弯弯　（绝大多数）

中·次轻·重·最轻——外甥媳妇　如意算盘　（轻+轻　极少）

（三）重音的作用

重音是在词汇和语句中，运用声音形式着意强调的音。它能准确体现词语、句子的主次关系，便于听众正确领会词语和句子的意思。

八、语流音变训练

（一）上声变调训练

喜欢	展出	组织	导师	等车	口腔
敏捷	典型	考查	果茶	语流	铁锤
努力	脚步	晚会	体育	考试	等待
所以	选举	冷饮	所有	勉强	减少
引起	雨伞	水井	品种	永远	允许

跑马场　　考古所　　苦水井　　草稿纸

耍笔杆　　打草稿　　党小组　　短粉笔

蒙古语　　选举法　　小拇指　　老保守

绕口令练习：

五组的小组长姓鲁，九组的小组长姓李，

鲁组长比李组长小，李组长比鲁组长老。

比李组长小的鲁组长有个表姐比李组长老，

比鲁组长老的李组长有个表姐比鲁组长小。

小的小组长比老的小组长长得美，

老的小组长比小的小组长长得丑。

丑小组长的表姐比美小组长的表姐美，

美小组长的表姐比丑小组长的表姐丑。

请你想一想，

是鲁组长老，还是鲁组长的表姐老？

是李组长小，还是李组长的表姐小？

是五组小组长丑，还是九组小组长丑？

是鲁组长表姐美，还是李组长表姐美？

(二)"一""不"变调训练

1. 词语练习

一切　一面　一色　一批　一般　一心

一排　一直　一行　一体　一朵　一总

搬一搬　　吃一吃　　停一停　　尝一尝

剪一剪　　理一理　　画一画　　念一念

一来二去　　一了百了　　一落千丈　　一脉相承

不堪　　不公　　不觉　　不凡　　不容　　不免

不满　　不妙　　不便　　不测　　不够　　不对

问不问　　　好不好　　　走不走　　　热不热

说不清　　　打不好　　　去不了　　　赶不上

不卑不亢　　不义之财　　不三不四　　不拘一格

2. 语段练习

(1) 可是一段时间后，叫阿诺德的那个小伙子青云直上，而那个叫布鲁诺的小伙子却仍在原地踏步。布鲁诺很不满意老板的不公正待遇。

(2) 它不像汉白玉那样的细腻，可以刻字雕花，也不像大青石那样的光滑，可以供来浣纱捶布。

(3) 一锅小米稀饭，一碟大头菜，一盘自家酿制的泡菜，一只巷口买回的烤鸭，简简单单，不像请客，倒像家人团聚。

(4) 没有一片绿叶，没有一缕炊烟，没有一粒泥土，没有一丝花香，只有水的世界，云的海洋。

(5) 我和妻子都是慢慢地，稳稳地，走得很仔细，好像我背上的同她背上的加起来，就是整个世界。

(6) 我吃完的时候，她笑眯眯地看着我，短头发，脸圆圆的。

(三) 儿化的音变训练

1. 读准下列各组词，注意儿化与不儿化的区别

两口～两口儿　闲话～闲话儿　对～对儿　画～画儿　脸～脸儿　鱼～鱼儿　鲜花～鲜花儿　一块～一块儿　罩～罩儿　堆～堆儿　门～门儿　球～球儿

2. 读出下列儿化词

(1) 音节末尾是 a、o、e、u 的。

鲜花儿　油画儿　笑话儿　打杂儿　板擦儿　搭茬儿　刀把儿　纸匣儿　豆芽儿　大伙儿　上座儿　书桌儿　没错儿　蝈蝈儿　符号儿　时髦儿　好好儿　小道儿

唱歌儿	风车儿	打嗝儿	挨个儿	高个儿	模特儿	小河儿	八哥儿	白兔儿
眼珠儿	梨核儿	煤核儿	碎步儿	纹路儿	媳妇儿	白醋儿	袖口儿	两口儿
个头儿	奔头儿	年头儿	劲头儿	炕头儿	老头儿	说头儿	打球儿	一溜儿

（2）韵母为 ai、ei、an、en 的。

小孩儿	壶盖儿	背带儿	一块儿	刀背儿	滋味儿	走味儿	泥人儿	一会儿
光板儿	腰板儿	笔杆儿	好玩儿	包干儿	白干儿	老伴儿	脸蛋儿	拔尖儿
面片儿	刀片儿	白班儿	快板儿	光杆儿	一点儿	有点儿	中间儿	拉链儿
圆圈儿	出圈儿	烟卷儿	春卷儿	旁边儿	摆摊儿	小船儿	扇坠儿	照面儿
聊天儿	小辫儿	边沿儿	单弦儿	角尖儿	撒欢儿	杂院儿	绕远儿	人缘儿
够劲儿	有门儿	爷们儿	纳闷儿	桑葚儿	大婶儿	够本儿	老本儿	开刃儿

（3）主要元音变为 er 的。

小鸡儿	茶几儿	小妮儿	针鼻儿	小米儿	眼皮儿	玩意儿	米粒儿	金鱼儿
小曲儿	孙女儿	马驹儿	有趣儿	蛐蛐儿	半截儿	锅贴儿	爷儿俩	木橛儿
主角儿	配角儿	棋子儿	瓜子儿	枪子儿	写字儿	咬字儿	挑刺儿	台词儿
铁丝儿	树枝儿	锯齿儿	小事儿	没事儿	顶事儿	年三十儿	小树林儿	
红裙儿								

3. 朗读下列文章片段，注意给需要儿化的地方加上儿化韵

老舍《济南的冬天》（节选）

设若单单是有阳光，那也算不了出奇。请闭上眼睛想：一个老城，有山有水，全在天底下晒着阳光，暖和安适地睡着，只等春风来把它们唤醒，这是不是理想的境界？小山正把济南围了个圈儿，只有北边缺着点口儿。这一圈小山在冬天特别可爱，好像是把济南放在一个小摇篮里，它们安静不动地低声地说："你们放心吧，这儿准保暖和。"真的，济南的人们在冬天是面上含笑的。他们一看那些小山，心中便觉得有了着落，有了依靠。他们由天上看到山上，便不知不觉想起："明天也许就是春天了吧？这样的温暖，今天夜里山草也许就绿起来了吧？"就是这点幻想不能一时实现，他们也并不着急，因为这样慈善的冬天，干什么还希望别的呢？

最妙的是下点小雪呀。看吧，山上的矮松越发的青黑，树尖上顶着一髻白花，好像日本看护妇。山尖全白了，给蓝天镶上一道银边。山坡上，有的地方雪厚点，有的地方草色还露着；这样，一道儿白，一道儿暗黄，给山们穿上一件带水纹的花衣；看着看着，这件花衣像被风儿吹动，叫你希望看见一点更美的山的肌肤。等到快日落的时候，微黄的阳光斜射在山腰上，那点薄雪好像是忽然害羞，微微露出点粉色。就是下小雪吧，济南是受不住大雪的，那些小山太秀气。

(四)"啊"的音变训练

ia 你怎么还不回家呀(jiā ya)!

o 他是你大伯呀(bó ya)!

üe 好大的雪呀(xuě ya)!

ai 你发什么呆呀(dāi ya)!

uei 你看对不对呀(duì ya)!

ü 漓江的水真绿呀(lǜ ya)!

ou 这么多够不够哇(gòu wa)!

iou 这是什么酒哇(jiǔ wa)!

ao 实习老师对我们多好哇(hǎo wa)!

ian 这孩子真可怜哪(lián na)!

üan 你快点选哪(xuǎn na)!

eng 这几天真冷啊(lěng nga)!

ong 电话打不通啊(tōng nga)!

—i 办学要舍得投资啊(zī za)!

—i 要实事求是啊(shì ra)!

第三章 普通话朗读

在普通话水平测试中,朗读是考察应试人用普通话朗读书面语的水平,重点考查语音、连读音变(上声变调、"一""不"变调)、语调(语气)等项目。在分析了音节的声、韵、调和语流音变及节律特征之后,我们再谈谈关于朗读的几个问题。

第一节 朗读的基础知识

一、朗读的含义

朗读是把文字材料用有声语言表达出来的一种带有再创造性的艺术活动。

它要求朗读者在对文字材料充分理解的基础上,运用一定的技巧,把文字材料用口头有声语言表现出来。由于书面形式本身的局限性,文字材料中蕴涵的情、景、事、理需要朗读者首先自己领会,然后再利用一定的节律把它充分地还原。

如果读得好,不但能很好地传达出作者的原意,还能用鲜活的、有感染力的"立体"语言为原文增色。在朗读的时候,需要充分调动起所有的发音器官,运用一切必要的语音技巧,既需要发好每个音节的声母、韵母和声调,又要注意种种音变现象,还必须运用好节律的各个要素。

所以,朗读既能提高口头表达能力,又是锤炼标准的普通话语感的重要方式。

朗读不是朗诵。朗诵是一种艺术表演形式,朗诵的表演性更强,而朗读则是用"读而不板,说而不演"的朗读语言。朗读具有转述性、知识性、质朴性、严肃性;而朗诵则具有表演性、角色性、夸饰性。

二、朗读的要求

朗读，是把文字作品转化为有声语言的创作活动，也就是朗读者在理解作品的基础上用自己的语音塑造形象，反映生活，说明道理，再现作者思想感情的再创造过程。在"普通话水平测试"中，朗读是对应试者普通话运用能力的一种综合检测形式。日常朗读活动中，决定朗读者朗读水平高低、朗读效果优劣的因素是多方面的。本书就普通话水平测试中影响应试者成绩的几个主要因素，谈谈朗读的几个基本要求，目的是帮助应试人把握难点，在测试中减少失误，更好地发挥水平。

普通话朗读是一门学问。它除了要求应试者忠于作品原貌，不添字、漏字、改字外，还要求朗读时在声母、韵母、声调、轻声、儿化、音变以及语句的表达方式等方面都符合普通话语音的规范。朗读一篇作品，如果连普通话都读不准确，甚至读错了，那就会影响听众对原文的理解，甚至会闹笑话。要使自己的朗读符合普通话的语音规范，必须在以下几方面下功夫。

1. 注意普通话和自己方言在语音上的差异

普通话和方言在语音上的差异，大多数的情况是有规律的。这种规律又有大的规律和小的规律，规律之中往往又包含一些例外，这些都要靠自己去总结。单是总结还不够，要多查字典和词典，要加强记忆，反复练习。在练习中，不仅要注意声、韵、调方面的差异，还要注意轻声词和儿化韵的学习。

2. 注意多音字的读音

一字多音是容易产生误读的重要原因之一，我们必须十分注意。多音字可以从两个方面去注意学习。第一类是意义不相同的多音字，要着重弄清它的各个不同的意义，从各个不同的意义去记住它的不同的读音。第二类是意义相同的多音字，要着重弄清它的不同的使用场合。这类多音字大多数情况是一个音使用场合"宽"，一个音使用场合"窄"，只要记住"窄"的就行。

3. 注意由字形相近或由偏旁类推引起的误读

由于字形相近而甲字张冠李戴地读成乙字，这种误读十分常见。由偏旁本身的读音或者由偏旁组成的较常用的字的读音，去类推一个生字的读音而引起的误读，也很常见。所谓"秀才认字读半边"，闹出笑话，就是指的这种误读。

4. 注意异读词的读音

普通话词汇中，有一部分词（或词中的语素），意义相同或基本相同，但在习惯上有两个或几个不同的读法，这些被称为"异读词"。为了使这些读音规范，国家于 20 世纪 50 年代就组织了"普通话审音委员会"对普通话异读词的读音进行了审定。历经几十年，几易其稿。2016年5月，国家公布了《普通话异读词审音表》（以下简称《审音表》）修订版，要求全国文教、出版、广播及其他部门、行业所涉及的普通话异读词的读音、标音，均以这个新的审音表为准。在使用《审音表》的时候，最好是对照着工具书（如《新华字典》《现代汉语词典》等）来看。先看某个字的全部读音、义项和用例，然后再看审音表中的读音和用例。比较以后，如发现二者有不合之处，一律以《审音表》为准。这样就达到了规范读音的目的。

三、朗读的技巧

1. 呼吸

学会自如地控制自己的呼吸非常重要，因为这样发出来的音坚实有力，音质优美，而且传送得较远。有的人在朗读时呼吸显得急促，甚至上气不接下气，这是因为他使用的是胸式呼吸，不能自如地控制自己的呼吸。朗读需要有较充足的气流，一般采用的是胸腹式呼吸法。它的特点是胸腔、腹腔都配合着呼吸进行收缩或扩张，尤其要注意横膈膜的运动。我们可以进行缓慢而均匀的呼吸训练，从中体会用腹肌控制呼吸的方法。

2. 发音

发音的关键是嗓子的运用。朗读者的嗓音应该是柔和、动听和富于表现力的。为此，首先要注意保护自己的嗓子，不要长期高声喊叫，也不要由于饮食高温或过于辛辣而刺激嗓子。其次要注意提高自己对嗓音的控制和调节能力。声音的高低是由声带的松紧决定的，音量的大小则由发音时振动用力的大小来决定，朗读时不要自始至终高声大叫。再者，还要注意调节共鸣，这是使音色柔和、响亮、动听的重要技巧。人们发声的时候，气流通过声门，振动声带发出音波，经过口腔或鼻腔的共鸣，形成不同的音色。改变口腔或鼻腔的条件，音色就会大不相同。例如舌位靠前，共鸣腔浅，可使声音清脆；舌位靠后，共鸣腔深，可使声音洪亮刚强。

3. 吐字

吐字的技巧不仅关系到音节的清晰度，而且关系到声音的圆润、饱满。要吐字清楚，首先要熟练地掌握常用词语的标准音。朗读时，要熟悉每个音节声母、韵母、声调，按照它们的标准音来发音。其次，要力求克服发音含糊、吐词不清的毛病，这一毛病形成的原因一是在声母的成阻阶段比较马虎，不大注意发音器官的准确部位；二是在韵母阶段不大注意口形和舌位；三是发音吐字速度太快，没有足够的动程。朗读跟平时说话不同，要使每个音节都让听众或考官听清楚，发音就要有一定力度和时值，每个音素都要到位。平时多练习绕口令就是为了练好吐字的基本功。

4. 停顿

朗读时，有些句子较短，按书面标点停顿就可以；有些句子较长，结构比较复杂，句中虽没有标点符号，但为了表达清楚意思，中途也可以做些短暂的停顿。但如果停顿不当就会破坏句子的结构，这就叫读破句。朗读测试中忌读破句，应试者要格外注意。正确的停顿有以下几种类型。

(1) 标点符号停顿。标点符号是书面语言的停顿符号，也是朗读作品时语言停顿的重要依据。标点符号的停顿规律一般是：句号、问号、感叹号、省略号停顿略长于分号、破折号、连接号；分号、破折号、连接号的停顿时间又长于逗号、冒号；逗号、冒号的停顿时间要比顿号时间长些。以上停顿，也不是绝对的。有时为表达感情的需要，在没有标点的地方也可以停顿，在有标点的地方也可以不停顿。

(2) 语法停顿。语法停顿是句子中间的自然停顿。它往往是为了强调、突出句子中主语、谓语、宾语、定语、状语或补语而作的短暂停顿。学习语法有助于我们在朗读中正确地停顿断句，不读破句，正确地表达作品的思想内容。

(3) 感情停顿。感情停顿不受书面标点和句子语法关系的制约，完全是根据感情或心理的需要而作的停顿处理，它受感情支配，根据感情的需要决定停与不停。它的特点是声断而情不断，也就是声断情连。

5. 重音

重音是指那些在表情达意上起重要作用、在朗读时要加以特别强调的字、词或短语。重音是通过声音的强调来突出意义的，它能给色彩鲜明、形象生动的词增加分量。重音有以下几种情况。

(1) 语法重音。语法重音是按语言习惯自然重读的音节。这些重读的音节大都是按照平时的语言规律确定的。一般说来，语法重音不带特别强调的色彩。

(2) 强调重音。强调重音不受语法制约，它是根据语句所要表达的重点决定的，它受应试者的意愿制约，在句子中的位置上是不固定的。强调重音的作用在于揭示语言的内在含义。由于表达目的不同，强调重音就会落在不同的词语上，所揭示的含义也就不相同，表达的效果也不一样。

(3) 感情重音。感情重音可以使朗读的色彩丰富，充满生气，有较强的感染力。感情重音大部分出现在表现内心节奏强烈、情绪激动的地方。

6. 语速

应试者在朗读时，适当掌握读速的快慢，可以造成作品的情绪和气氛，增强语言的表达效果。作品的内容和体裁决定朗读的速度，其中内容是主要的。

(1) 根据内容掌握语速。朗读时的语速须与作品的情境相适应，根据其思想内容、故事情节、人物个性、环境背景、感情语气、语言特色来处理。当然,语速的快慢在一篇作品中并不是一成不变的,它要根据具体的内容有所变化。

(2) 根据体裁掌握语速。《普通话水平测试大纲》在选编朗读测试材料时,为了保证作品难易程度和评分标准的一致性,所选的 50 篇作品,几乎都是记叙文。记叙文分记事、记言。一般说来,记事要读得快些,记言要读得慢些。

7. 语调

语调指句子里声音高低升降的变化,其中以结尾的升降变化最为重要,一般是和句子的语气紧密结合的。应试者在朗读时,如能注意语调的升降变化,语音就有了动听的腔调,听起来便具有音乐美,也就能够更细致地表达不同的思想感情。语调变化多端,主要有以下几种。

(1) 高升调。高升调多在疑问句、反诘句、短促的命令句子里使用,或者是在表示愤怒、紧张、警告、号召的句子里使用。朗读时,注意前低后高、语气上扬。

(2) 降抑调。降抑调一般用在感叹句、祈使句或表示坚决、自信、赞扬、祝愿等感情的句子里。表达沉痛、悲愤的感情,一般也用这种语调。朗读时,注意调子逐渐由高降低,末字低而短。

(3) 平直调。平直调一般多且在叙述、说明或表示迟疑、思索、冷淡、追忆、悼念等句子里。朗读时始终平直舒缓,没有显著的高低变化。

(4) 曲折调。曲折调用于表示特殊的感情,如讽刺、讥笑、夸张、强调、双关、特别惊异等句子里。朗读时由高而低后高,把句子中某些特殊的音节特别加重加高或拖长,形成一种升降曲折的变化。

第二节 普通话水平测试朗读作品

说明:

朗读作品共 50 篇,供普通话水平测试第 4 项——朗读短文测试使用。为适应测试需要,必要时对原作品做了部分更动。本教材只截取部分短文内容,读者若对短文全文感兴趣,请自行查询。

每篇作品在第 400 个音节后用"//"标注。

为适应朗读的需要,作品中的数字一律采用汉字的书写方式书写,如:"2000 年",写作"二〇〇〇年";"50%",写作"百分之五十"。

从 2024 年 1 月 1 日起,普通话测试短文朗读部分由原来的 60 篇调整为 50 篇,其中 4 篇选自 1994 年版《普通话水平测试大纲》(以下简称《大纲》)，15 篇选自现行的 2003 年版《普通话水平测试实施纲要》(以下简称《纲要》)，新增文章总计 31 篇。

① 沿用 1994 年版《大纲》的篇目。

2. 春

3. 匆匆

29. 十渡游趣

30. 世界民居奇葩

② 沿用 2003 年版《纲要》的篇目。

9. 读书人是幸福人

10. 繁星

13. 海滨仲夏夜

14. 海洋与生命

21. 莲花与樱花

22. 麻雀

23. 莫高窟

24. "能吞能吐"的森林

31. 苏州园林

32. 泰山极顶

37. 鸟的天堂

45. 中国的宝岛——台湾

46. 中国的牛

48. "住"的梦

50. 最糟糕的发明

③ 本次修订新增篇目。

1. 北京的春节

4. 聪明在于学习，天才在于积累

5. 大匠无名

6. 大自然的语言

7. 当今"千里眼"

8. 鼎湖山听泉

11. 观潮

12. 孩子和秋风

15. 华夏文明的发展与融合

16. 记忆像铁轨一样长

17. 将心比心

18. 晋祠

19. 敬畏自然

20. 看戏

25. 清塘荷韵

26. 驱遣我们的想象

27. 人类的语言

28. 人生如下棋

33. 天地九重

34. 我的老师

35. 我喜欢出发

36. 乡下人家

38. 夜间飞行的秘密

39. 一幅名扬中外的画

40. 一粒种子造福世界

41. 颐和园

42. 忆读书

43. 阅读大地的徐霞客

44. 纸的发明

47. 中国石拱桥

49. 走下领奖台，一切从零开始

作品1号

节选自老舍《北京的春节》

照北京的老规矩，春节差不多在腊月的初旬就开始了。"腊七腊八，冻死寒鸦"，这是一年里最冷的时候。在腊八这天，家家都熬腊八粥。粥是用各种米，各种豆，与各种干果熬成的。这不是粥，而是小型的农业展览会。

除此之外，这一天还要泡腊八蒜。把蒜瓣放进醋里，封起来，为过年吃饺子用。

到年底,蒜泡得色如翡翠,醋也有了些辣味,色味双美,使人忍不住要多吃几个饺子。在北京,过年时,家家吃饺子。

孩子们准备过年,第一件大事就是买杂拌儿。这是用花生、胶枣、榛子、栗子等干果与蜜饯掺和成的。孩子们喜欢吃这些零七八碎儿。第二件大事是买爆竹,特别是男孩子们。恐怕第三件事才是买各种玩意儿——风筝、空竹、口琴等。

孩子们欢喜,大人们也忙乱。他们必须预备过年吃的、喝的、穿的、用的,好在新年时显出万象更新的气象。

腊月二十三过小年,差不多就是过春节的"彩排"。天一擦黑儿,鞭炮响起来,便有了过年的味道。这一天,是要吃糖的,街上早有好多卖麦芽糖与江米糖的,糖形或为长方块或为瓜形,又甜又黏,小孩子们最喜欢。

过了二十三,大家更忙。必须大扫除一次,还要把肉、鸡、鱼、青菜、年糕什么的都预备充足——店//铺多数正月初一到初五关门,到正月初六才开张。

作品2号

节选自朱自清《春》

盼望着,盼望着,东风来了,春天的脚步近了。

一切都像刚睡醒的样子,欣欣然张开了眼。山朗润起来了,水涨起来了,太阳的脸红起来了。

小草偷偷地从土里钻出来,嫩嫩的,绿绿的。园子里,田野里,瞧去,一大片一大片满是的。坐着,躺着,打两个滚,踢几脚球,赛几趟跑,捉几回迷藏。风轻悄悄的,草软绵绵的。

……

"吹面不寒杨柳风",不错的,像母亲的手抚摸着你。风里带来些新翻的泥土的气息,混着青草味儿,还有各种花的香,都在微微湿润的空气里酝酿。鸟儿将巢安在繁花绿叶当中,高兴起来了,呼朋引伴地卖弄清脆的喉咙,唱出宛转的曲子,跟轻风流水应和着。牛背上牧童的短笛,这时候也成天嘹亮地响着。

雨是最寻常的,一下就是三两天。可别恼。看,像牛毛,像花针,像细丝,密密地斜织着,人家屋顶上全笼着一层薄烟。树叶儿却绿得发亮,小草儿也青得逼你的眼。傍晚时候,上灯了,一点点黄晕的光,烘托出一片安静而和平的夜。在乡下,小路上,石桥边,有撑起伞慢慢走着的人,地里还有工作的农民,披着蓑戴着笠。他们的房屋,稀稀疏疏的,在雨里静默着。

天上风筝渐渐多了,地上孩子也多了。城里乡下,家家户户,老老小小,//也赶趟儿似的，一个个都出来了。舒活舒活筋骨，抖擞抖擞精神，各做各的一份儿事去。"一年之计在于春"，刚起头儿，有的是工夫，有的是希望。

春天像刚落地的娃娃，从头到脚都是新的，它生长着。

春天像小姑娘，花枝招展的，笑着，走着。

春天像健壮的青年，有铁一般的胳膊和腰脚，领着我们上前去。

作品3号

节选自朱自清《匆匆》

燕子去了，有再来的时候；杨柳枯了，有再青的时候；桃花谢了，有再开的时候。但是，聪明的，你告诉我，我们的日子为什么一去不复返呢？——是有人偷了他们罢：那是谁？又藏在何处呢？是他们自己逃走了罢：现在又到了哪里呢？

去的尽管去了，来的尽管来着；去来的中间，又怎样地匆匆呢？早上我起来的时候，小屋里射进两三方斜斜的太阳。太阳他有脚啊，轻轻悄悄地挪移了；我也茫茫然跟着旋转。于是——洗手的时候，日子从水盆里过去；吃饭的时候，日子从饭碗里过去；默默时，便从凝然的双眼前过去。我觉察他去的匆匆了，伸出手遮挽时，他又从遮挽着的手边过去；天黑时，我躺在床上，他便伶伶俐俐地从我身上跨过，从我脚边飞去了。等我睁开眼和太阳再见，这算又溜走了一日。我掩着面叹息，但是新来的日子的影儿又开始在叹息里闪过了。

在逃去如飞的日子里，在千门万户的世界里的我能做些什么呢？只有徘徊罢了，只有匆匆罢了；在八千多日的匆匆里，除徘徊外，又剩些什么呢？过去的日子如轻烟，被微风吹散了，如薄雾，被初阳蒸融了；我留着些什么痕迹呢？我何曾留着像游丝样的痕迹呢？我赤裸裸//来到这世界，转眼间也将赤裸裸的回去罢？但不能平的，为什么偏白白走这一遭啊？

你聪明的，告诉我，我们的日子为什么一去不复返呢？

作品4号

节选自华罗庚《聪明在于学习，天才在于积累》

有的人在工作、学习中缺乏耐性和韧性，他们一旦碰了钉子，走了弯路，就开始怀疑自己是否有研究才能。其实，我可以告诉大家，许多有名的科学家和作家，都是经过很多次失败，走过很多弯路才成功的。

……

作品 5 号

节选自单霁翔《大匠无名》

去过故宫大修现场的人，就会发现这里和外面工地的劳作景象有个明显的区别：这里没有起重机，建筑材料都是以手推车的形式送往工地，遇到人力无法运送的木料时，工人们会使用百年不变的工具——滑轮组。故宫修缮，尊重着"四原"原则，即原材料、原工艺、原结构、原型制。

……

作品 6 号

节选自竺可桢《大自然的语言》

立春过后，大地渐渐从沉睡中苏醒过来。冰雪融化，草木萌发，各种花次第开放。再过两个月，燕子翩然归来。不久，布谷鸟也来了。于是转入炎热的夏季，这是植物孕育果实的时期。到了秋天，果实成熟，植物的叶子渐渐变黄，在秋风中簌簌地落下来。北雁南飞，活跃在田间草际的昆虫也都销声匿迹。到处呈现一片衰草连天的景象，准备迎接风雪载途的寒冬。在地球上温带和亚热带区域里，年年如是，周而复始。

几千年来，劳动人民注意了草木荣枯、候鸟去来等自然现象同气候的关系，据以安排农事。杏花开了，就好像大自然在传语要赶快耕地；桃花开了，又好像在暗示要赶快种谷子。布谷鸟开始唱歌，劳动人民懂得它在唱什么："阿公阿婆，割麦插禾。"这样看来，花香鸟语，草长莺飞，都是大自然的语言。

这些自然现象，我国古代劳动人民称它为物候。物候知识在我国起源很早。古代流传下来的许多农谚就包含了丰富的物候知识。到了近代，利用物候知识来研究农业生产，已经发展为一门科学，就是物候学。物候学记录植物的生长荣枯，动物的养育往来，如桃花开、燕子来等自然现象，从而了解随着时节//推移的气候变化和这种变化对动植物的影响。

作品 7 号

节选自王雄《当今"千里眼"》

当高速列车从眼前呼啸而过时，那种转瞬即逝的感觉让人们不得不发问：高速列车跑得那么快，司机能看清路吗？

高速列车的速度非常快，最低时速标准是二百公里。

……

作品 8 号

节选自谢大光《鼎湖山听泉》

从肇庆市驱车半小时左右，便到了东郊风景名胜鼎湖山。下了几天的小雨刚停，满山笼罩着轻纱似的薄雾。

过了寒翠桥，就听到淙淙的泉声。进山一看，草丛石缝，到处都涌流着清亮的泉水。草丰林茂，一路上泉水时隐时现，泉声不绝于耳。

……

作品 9 号

节选自谢冕《读书人是幸福人》

我常想读书人是世间幸福人，因为他除了拥有现实的世界之外，还拥有另一个更为浩瀚也更为丰富的世界。现实的世界是人人都有的，而后一个世界却为读书人所独有。

……

作品 10 号

节选自巴金《繁星》

我爱月夜，但我也爱星天。从前在家乡七八月的夜晚在庭院里纳凉的时候，我最爱看天上密密麻麻的繁星。望着星天，我就会忘记一切，仿佛回到了母亲的怀里似的。

……

作品 11 号

节选自赵宗成、朱明元《观潮》

钱塘江大潮，自古以来被称为天下奇观。

农历八月十八是一年一度的观潮日。这一天早上，我们来到了海宁市的盐官镇，据说这里是观潮最好的地方。我们随着观潮的人群，登上了海塘大堤。

……

作品 12 号

节选自丁立梅《孩子和秋风》

我和几个孩子站在一片园子里，感受秋天的风。园子里长着几棵高大的梧桐树，我们的脚底下，铺了一层厚厚的梧桐叶。叶枯黄，脚踩在上面，嘎吱嘎吱脆响。

……

作品 13 号

节选自峻青《海滨仲夏夜》

夕阳落山不久,西方的天空,还燃烧着一片橘红色的晚霞。大海,也被这霞光染成了红色,而且比天空的景色更要壮观。因为它是活动的,每当一排排波浪涌起的时候,那映照在浪峰上的霞光,又红又亮,简直就像一片片霍霍燃烧着的火焰,闪烁着,消失了。

……

作品 14 号

节选自童裳亮《海洋与生命》

生命在海洋里诞生绝不是偶然的,海洋的物理和化学性质,使它成为孕育原始生命的摇篮。

……

作品 15 号

节选自唐晓峰《华夏文明的发展与融合》

在我国历史地理中,有三大都城密集区,它们是:关中盆地、洛阳盆地、北京小平原。其中每一个地区都曾诞生过四个以上大型王朝的都城。而关中盆地、洛阳盆地是前朝历史的两个都城密集区,正是它们构成了早期文明核心地带中最重要的内容。

……

作品 16 号

节选自舒翼《记忆像铁轨一样长》

于很多中国人而言,火车就是故乡。在中国人的心中,故乡的地位尤为重要,老家的意义非同寻常,所以,即便是坐过无数次火车,但印象最深刻的,或许还是返乡那一趟车。

……

作品 17 号

节选自姜桂华《将心比心》

奶奶给我讲过这样一件事:有一次她去商店,走在她前面的一位阿姨推开沉重的大门,一直等到她跟上来才松开手。

……

作品 18 号

节选自梁衡《晋祠》

晋祠之美，在山，在树，在水。

这里的山，巍巍的，有如一道屏障；长长的，又如伸开的两臂，将晋祠拥在怀中。春日黄花满山，径幽香远；秋来草木萧疏，天高水清。无论什么时候拾级登山都会心旷神怡。

……

作品 19 号

节选自严春友《敬畏自然》

人们常常把人与自然对立起来，宣称要征服自然。殊不知在大自然面前，人类永远只是一个天真幼稚的孩童，只是大自然机体上普通的一部分，正像一株小草只是她的普通一部分一样。

……

作品 20 号

节选自叶君健《看戏》

舞台上的幕布拉开了，音乐奏起来了。演员们踩着音乐的拍子，以庄重而有节奏的步法走到灯光前面来了。灯光射在他们五颜六色的服装和头饰上，一片金碧辉煌的彩霞。

……

作品 21 号

节选自严文井《莲花和樱花》

十年，在历史上不过是一瞬间。只要稍加注意，人们就会发现：在这一瞬间里，各种事物都悄悄经历了自己的千变万化。

这次重新访日，我处处感到亲切和熟悉，也在许多方面发觉了日本的变化。

……

作品 22 号

节选自［俄］屠格涅夫《麻雀》，巴金译

我打猎归来，沿着花园的林荫路走着。狗跑在我前边。

突然，狗放慢脚步，蹑足潜行，好像嗅到了前边有什么野物。

我顺着林荫路望去，看见了一只嘴边还带黄色、头上生着柔毛的小麻雀。风猛烈地吹打着林荫路上的白桦树，麻雀从巢里跌落下来，呆呆地伏在地上，孤立无援地张开两只羽毛还未丰满的小翅膀。

我的狗慢慢向它靠近。忽然，从附近一棵树上飞下一只黑胸脯的老麻雀，像一颗石子似的落到狗的跟前。老麻雀全身倒竖着羽毛，惊恐万状，发出绝望、凄惨的叫声，接着向露出牙齿、大张着的狗嘴扑去。

老麻雀是猛扑下来救护幼雀的。它用身体掩护着自己的幼儿……但它整个小小的身体因恐怖而战栗着，它小小的声音也变得粗暴嘶哑，它在牺牲自己！

在它看来，狗该是多么庞大的怪物啊！然而，它还是不能站在自己高高的、安全的树枝上……一种比它的理智更强烈的力量，使它从那儿扑下身来。

我的狗站住了，向后退了退……看来，它也感到了这种力量。

我赶紧唤住惊慌失措的狗，然后我怀着崇敬的心情，走开了。

是啊，请不要见笑。我崇敬那只小小的、英勇的鸟儿，我崇敬它那种爱的冲动和力量。

爱，我//想，比死和死的恐惧更强大。只有依靠它，依靠这种爱，生命才能维持下去，发展下去。

作品 23 号

节选自《莫高窟》

在浩瀚无垠的沙漠里，有一片美丽的绿洲，绿洲里藏着一颗闪光的珍珠。这颗珍珠就是敦煌莫高窟。它坐落在我国甘肃省敦煌市三危山和鸣沙山的怀抱中。鸣沙山东麓是平均高度为十七米的崖壁。在一千六百多米长的崖壁上，凿有大小洞窟七百余个，形成了规模宏伟的石窟群。其中四百九十二个洞窟中，共有彩色塑像两千一百余尊，各种壁画共四万五千多平方米。莫高窟是我国古代无数艺术匠师留给人类的珍贵文化遗产。

莫高窟的彩塑，每一尊都是一件精美的艺术品。最大的有九层楼那么高，最小的还不如一个手掌大。这些彩塑个性鲜明，神态各异。有慈眉善目的菩萨，有威风凛凛的天王，还有强壮勇猛的力士……

莫高窟壁画的内容丰富多彩，有的是描绘古代劳动人民打猎、捕鱼、耕田、收割的情景，有的是描绘人们奏乐、舞蹈、演杂技的场面，还有的是描绘大自然的美丽风光。其中最引人注目的是飞天。壁画上的飞天,有的臂挎花篮,采摘鲜花;有的反弹琵琶,轻拨银弦;有的倒悬身子,自天而降;有的彩带飘拂,漫天遨游;有的舒展着双臂,翩翩起舞。看着这些精美动人的壁画,就像走进了//灿烂辉煌的艺术殿堂。

莫高窟里还有一个面积不大的洞窟——藏经洞。洞里曾藏有我国古代的各种经卷、文书、帛画、刺绣、铜像等共六万多件。由于清朝政府腐败无能,大量珍贵的文物被外国强盗掠走。仅存的部分经卷,现在陈列于北京故宫等处。

莫高窟是举世闻名的艺术宝库。这里的每一尊彩塑、每一幅壁画、每一件文物,都是中国古代人民智慧的结晶。

作品 24 号

节选自《"能吞能吐"的森林》

森林涵养水源,保持水土,防止水旱灾害的作用非常大。据专家测算,一片十万亩面积的森林,相当于一个两百万立方米的水库,这正如农谚所说的:"山上多栽树,等于修水库。雨多它能吞,雨少它能吐。"

说起森林的功劳,那还多得很。它除了为人类提供木材及许多种生产、生活的原料之外,在维护生态环境方面也是功劳卓著,它用另一种"能吞能吐"的特殊功能孕育了人类。因为地球在形成之初,大气中的二氧化碳含量很高,氧气很少,气温也高,生物是难以生存的。大约在四亿年之前,陆地才产生了森林。森林慢慢将大气中的二氧化碳吸收,同时吐出新鲜氧气,调节气温;这才具备了人类生存的条件,地球上才最终有了人类。

森林,是地球生态系统的主体,是大自然的总调度室,是地球的绿色之肺。森林维护地球生态环境的这种"能吞能吐"的特殊功能是其他任何物体都不能取代的。然而,由于地球上的燃烧物增多,二氧化碳的排放量急剧增加,使得地球生态环境急剧恶化,主要表现为全球气候变暖,水分蒸发加快,改变了气流的循环,使气候变化加剧,从而引发热浪、飓风、暴雨、洪涝及干旱。

为了//使地球的这个"能吞能吐"的绿色之肺恢复健壮,以改善生态环境,抑制全球变暖,减少水旱等自然灾害,我们应该大力造林、护林,使每一座荒山都绿起来。

作品 25 号

节选自季羡林《清塘荷韵》

中国没有人不爱荷花的。可我们楼前池塘中独独缺少荷花。每次看到或想到,总觉得是一块心病。有人从湖北来,带来了洪湖的几颗莲子,外壳呈黑色,极硬。据说,如果埋在淤泥中，能够千年不烂。

……

作品 26 号

节选自叶圣陶《驱遣我们的想象》

在原始社会里，文字还没有创造出来，却先有了歌谣一类的东西。这也就是文艺。文字创造出来以后，人就用它把所见所闻所想所感的一切记录下来。

……

作品 27 号

节选自吕叔湘《人类的语言》

语言，也就是说话，好像是极其稀松平常的事儿。可是仔细想想，实在是一件了不起的大事。正是因为说话跟吃饭、走路一样的平常，人们才不去想它究竟是怎么回事儿。其实这三件事儿都是极不平常的，都是使人类不同于别的动物的特征。

……

作品 28 号

节选自林夕《人生如下棋》

父亲喜欢下象棋。那一年，我大学回家度假，父亲教我下棋。

我们俩摆好棋，父亲让我先走三步，可不到三分钟，三下五除二，我的兵将损失大半，棋盘上空荡荡的，只剩下老帅、士和一车两卒在孤军奋战。我还不肯罢休，可是已无力回天，眼睁睁看着父亲"将军"，我输了。

……

作品 29 号

节选自刘延《十渡游趣》

仲夏，朋友相邀游十渡。在城里住久了，一旦进入山水之间，竟有一种生命复苏的快感。

下车后，我们舍弃了大路，挑选了一条半隐半现在庄稼地里的小径，弯弯绕绕地来到了十渡渡口。

……

作品 30 号

节选自张宇生《世界民居奇葩》

在闽西南和粤东北的崇山峻岭中,点缀着数以千计的圆形围屋或土楼,这就是被誉为"世界民居奇葩"的客家民居。

客家人是古代从中原繁盛的地区迁到南方的。

……

作品 31 号

节选自叶圣陶《苏州园林》

我国的建筑,从古代的宫殿到近代的一般住房,绝大部分是对称的,左边怎么样,右边也怎么样。苏州园林可绝不讲究对称,好像故意避免似的。

……

作品 32 号

节选自杨朔《泰山极顶》

泰山极顶看日出,历来被描绘成十分壮观的奇景。有人说:登泰山而看不到日出,就像一出大戏没有戏眼,味儿终究有点寡淡。

我去爬山那天,正赶上个难得的好天,万里长空,云彩丝儿都不见。素常烟雾腾腾的山头,显得眉目分明。同伴们都欣喜地说:"明天早晨准可以看见日出了。"我也是抱着这种想头,爬上山去。

一路从山脚往上爬,细看山景,我觉得挂在眼前的不是五岳独尊的泰山,却像一幅规模惊人的青绿山水画,从下面倒展开来。在画卷中最先露出的是山根底那座明朝建筑岱宗坊,慢慢地便现出王母池、斗母宫、经石峪。山是一层比一层深,一叠比一叠奇,层层叠叠,不知还会有多深多奇。万山丛中,时而点染着极其工细的人物。王母池旁的吕祖殿里有不少尊明塑,塑着吕洞宾等一些人,姿态神情是那样有生气,你看了,不禁会脱口赞叹说:"活啦。"

画卷继续展开,绿阴森森的柏洞露面不太久,便来到对松山。两面奇峰对峙着,满山峰都是奇形怪状的老松,年纪怕都有上千岁了,颜色竟那么浓,浓得好像要流下来似的。来到这儿,你不妨权当一次画里的写意人物,坐在路旁的对松亭里,看看山色,听听流//水和松涛。

一时间,我又觉得自己不仅是在看画卷,却又像是在零零乱乱翻着一卷历史稿本。

作品 33 号

节选自杨利伟《天地九重》

在太空的黑幕上,地球就像站在宇宙舞台中央那位最美的大明星,浑身散发出夺人心魄的彩色的、明亮的光芒,她披着浅蓝色的纱裙和白色的飘带,如同天上的仙女缓缓飞行。

……

作品 34 号

节选自魏巍《我的老师》

最使我难忘的,是我小学时候的女教师蔡芸芝先生。

现在回想起来,她那时有十八九岁。右嘴角边有榆钱大小一块黑痣。在我的记忆里,她是一个温柔和美丽的人。

……

作品 35 号

节选自汪国真《我喜欢出发》

我喜欢出发。

凡是到达了的地方,都属于昨天。哪怕那山再青,那水再秀,那风再温柔。太深的流连便成了一种羁绊,绊住的不仅有双脚,还有未来。

……

作品 36 号

节选自陈醉云《乡下人家》

乡下人家总爱在屋前搭一瓜架,或种南瓜,或种丝瓜,让那些瓜藤攀上棚架,爬上屋檐。当花儿落了的时候,藤上便结出了青的、红的瓜,它们一个个挂在房前,衬着那长长的藤,绿绿的叶。

……

作品 37 号

节选自巴金《鸟的天堂》

我们的船渐渐地逼近榕树了。我有机会看清它的真面目:是一棵大树,有数不清的丫枝,枝上又生根,有许多根一直垂到地上,伸进泥土里。一部分树枝垂到水面,从远处看,就像一棵大树斜躺在水面上一样。

……

作品 38 号

节选自《夜间飞行的秘密》

两百多年前,科学家做了一次实验。他们在一间屋子里横七竖八地拉了许多绳子,绳子上系着许多铃铛,然后把蝙蝠的眼睛蒙上,让它在屋子里飞。蝙蝠飞了几个钟头,铃铛一个也没响,那么多的绳子,它一根也没碰着。

科学家又做了两次实验:一次把蝙蝠的耳朵塞上,一次把蝙蝠的嘴封住,让它在屋子里飞。蝙蝠就像没头苍蝇似的到处乱撞,挂在绳子上的铃铛响个不停。

三次实验的结果证明,蝙蝠夜里飞行,靠的不是眼睛,而是靠嘴和耳朵配合起来探路的。

后来,科学家经过反复研究,终于揭开了蝙蝠能在夜里飞行的秘密。它一边飞,一边从嘴里发出超声波。而这种声音,人的耳朵是听不见的,蝙蝠的耳朵却能听见。超声波向前传播时,遇到障碍物就反射回来,传到蝙蝠的耳朵里,它就立刻改变飞行的方向。

知道蝙蝠在夜里如何飞行,你猜到飞机夜间飞行的秘密了吗?现代飞机上安装了雷达,雷达的工作原理与蝙蝠探路类似。雷达通过天线发出无线电波,无线电波遇到障碍物就反射回来,被雷达接收到,显示在荧光屏上。从雷达的荧光屏上,驾驶员能够清楚地看到前方有没有障碍物,所//以飞机飞行就更安全了。

作品 39 号

节选自滕明道《一幅名扬中外的画》

北宋时候,有位画家叫张择端。他画了一幅名扬中外的画《清明上河图》。这幅画长五百二十八厘米,高二十四点八厘米,画的是北宋都城汴梁热闹的场面。这幅画已经有八百多年的历史了,现在还完整地保存在北京的故宫博物院里。

张择端画这幅画的时候,下了很大的功夫。光是画上的人物,就有五百多个:有从乡下来的农民,有撑船的船工,有做各种买卖的生意人,有留着长胡子的道士,有走江湖的医生,有摆小摊的摊贩,有官吏和读书人,三百六十行,哪一行的人都画在上面了。

画上的街市可热闹了。街上有挂着各种招牌的店铺、作坊、酒楼、茶馆，走在街上的，是来来往往、形态各异的人：有的骑着马，有的挑着担，有的赶着毛驴，有的推着独轮车，有的悠闲地在街上溜达。画面上的这些人，有的不到一寸，有的甚至只有黄豆那么大。别看画上的人小，每个人在干什么，都能看得清清楚楚。

最有意思的是桥北头的情景：一个人骑着马，正往桥下走。因为人太多，眼看就要碰上对面来的一乘轿子。就在这个紧急时刻，那个牧马人一下子拽住了马笼头，这才没碰上那乘轿子。不过，这么一来，倒把马右边的//两头小毛驴吓得又踢又跳。站在桥栏杆边欣赏风景的人，被小毛驴惊扰了，连忙回过头来赶小毛驴。你看，张择端画的画，是多么传神啊！

《清明上河图》使我们看到了八百年以前的古都风貌，看到了当时普通老百姓的生活场景。

作品 40 号

节选自刘畅《一粒种子造福世界》

二〇〇〇年，中国第一个以科学家名字命名的股票"隆平高科"上市。八年后，名誉董事长袁隆平所持有的股份以市值计算已经过亿。从此，袁隆平又多了个"首富科学家"的名号。而他身边的学生和工作人员，却很难把这位老人和"富翁"联系起来。

……

作品 41 号

选自袁鹰《颐和园》

北京的颐和园是个美丽的大公园。

进了颐和园的大门，绕过大殿，就来到有名的长廊。绿漆的柱子，红漆的栏杆，一眼望不到头。这条长廊有七百多米长，分成二百七十三间。每一间的横槛上都有五彩的画，画着人物、花草、风景，几千幅画没有哪两幅是相同的。

……

作品 42 号

节选自冰心《忆读书》

一谈到读书，我的话就多了！

我自从会认字后不到几年，就开始读书。倒不是四岁时读母亲给我的商务印书馆出版的国文教科书第一册的"天、地、日、月、山、水、土、木"以后的那几册，而是七岁时开始自己读的"话说天下大势，分久必合，合久必分……"的《三国演义》。
……

作品 43 号

节选自《阅读大地的徐霞客》

徐霞客是明朝末年的一位奇人。他用双脚，一步一步地走遍了半个中国大陆，游览过许多名山大川，经历过许多奇人异事。他把游历的观察和研究记录下来，写成了《徐霞客游记》这本千古奇书。

当时的读书人，都忙着追求科举功名，抱着"十年寒窗无人问，一举成名天下知"的观念，埋头于经书之中。徐霞客却卓尔不群，醉心于古今史籍及地志、山海图经的收集和研读。他发现此类书籍很少，记述简略且多有相互矛盾之处，于是他立下雄心壮志，要走遍天下，亲自考察。

此后三十多年，他与长风为伍，云雾为伴，行程九万里，历尽千辛万苦，获得了大量第一手考察资料。徐霞客日间攀险峰，涉危涧，晚上就是再疲劳，也一定录下当日见闻。即使荒野露宿，栖身洞穴，也要"燃松拾穗，走笔为记"。

徐霞客的时代，没有火车，没有汽车，没有飞机，他所去的许多地方连道路都没有，加上明朝末年治安不好，盗匪横行，长途旅行是非常艰苦又非常危险的事。

有一次，他和三个同伴到西南地区，沿路考察石灰岩地形和长江源流。走了二十天，一个同伴难耐旅途劳顿，不辞而别。到了衡阳附近又遭遇土匪抢劫，财物尽失，还险//些被杀害。好不容易到了南宁，另一个同伴不幸病死，徐霞客忍痛继续西行。到了大理，最后一个同伴也因为吃不了苦，偷偷地走了，还带走了他仅存的行囊。但是，他还是坚持目标，继续他的研究工作，最后找到了答案，推翻历史上的错误，证明长江的源流不是岷江而是金沙江。

作品 44 号

节选自《纸的发明》

造纸术的发明，是中国对世界文明的伟大贡献之一。

早在几千年前，我们的祖先就创造了文字。可那时候还没有纸，要记录一件事情，就用刀把文字刻在龟甲和兽骨上，或者把文字铸刻在青铜器上。后来，人们又把文字写在竹片和木片上。这些竹片、木片用绳子穿起来，就成了一册书。

但是，这种书很笨重，阅读、携带、保存都很不方便。古时候用"学富五车"形容一个人学问高，是因为书多的时候需要用车来拉。再后来，有了蚕丝织成的帛，就可以在帛上写字了。帛比竹片、木片轻便，但是价钱太贵，只有少数人能用，不能普及。

人们用蚕茧制作丝绵时发现，盛放蚕茧的篾席上，会留下一层薄片，可用于书写。考古学家发现，在两千多年前的西汉时代，人们已经懂得了用麻来造纸。但麻纸比较粗糙，不便书写。

大约在一千九百年前的东汉时代，有个叫蔡伦的人，吸收了人们长期积累的经验，改进了造纸术。他把树皮、麻头、稻草、破布等原料剪碎或切断，浸在水里捣烂成浆；再把浆捞出来晒干，就成了一种既轻便又好用的纸。用这种方法造的纸，原料容易得到，可以大量制造，价格又便宜，能满足多数人的需要，所//以这种造纸方法就传承下来了。

我国的造纸术首先传到邻近的朝鲜半岛和日本，后来又传到阿拉伯世界和欧洲，极大地促进了人类社会的进步和文化的发展，影响了全世界。

作品 45 号

节选自《中国的宝岛——台湾》

中国的第一大岛、台湾省的主岛台湾，位于中国大陆架的东南方，地处东海和南海之间，隔着台湾海峡和大陆相望。天气晴朗的时候，站在福建沿海较高的地方，就可以隐隐约约地望见岛上的高山和云朵。

台湾岛形状狭长，从东到西，最宽处只有一百四十多公里；由南至北，最长的地方约有三百九十多公里。地形像一个纺织用的梭子。

台湾岛上的山脉纵贯南北，中间的中央山脉犹如全岛的脊梁。西部为海拔近四千米的玉山山脉，是中国东部的最高峰。全岛约有三分之一的地方是平地，其余为山地。岛内有缎带般的瀑布，蓝宝石似的湖泊，四季常青的森林和果园，自然景色十分优美。西南部的阿里山和日月潭，台北市郊的大屯山风景区，都是闻名世界的游览胜地。

台湾岛地处热带和温带之间，四面环海，雨水充足，气温受到海洋的调剂，冬暖夏凉，四季如春，这给水稻和果木生长提供了优越的条件。水稻、甘蔗、樟脑是台湾的"三宝"。岛上还盛产鲜果和鱼虾。

台湾岛还是一个闻名世界的"蝴蝶王国"。岛上的蝴蝶共有四百多个品种，其中有不少是世界稀有的珍贵品种。岛上还有不少鸟语花香的蝴//蝶谷，岛上居民利用蝴蝶制作的标本和艺术品，远销许多国家。

作品 46 号

节选自（香港）小思《中国的牛》

对于中国的牛，我有着一种特别尊敬的感情。

留给我印象最深的，要算在田垄上的一次"相遇"。

一群朋友郊游，我领头在狭窄的阡陌上走，怎料迎面来了几头耕牛，狭道容不下人和牛，终有一方要让路。

……

作品 47 号

节选自茅以升《中国石拱桥》

石拱桥的桥洞成弧形，就像虹。古代神话里说，雨后彩虹是"人间天上的桥"，通过彩虹就能上天。我国的诗人爱把拱桥比作虹，说拱桥是"卧虹""飞虹"，把水上拱桥形容为"长虹卧波"。

……

作品 48 号

节选自老舍《"住"的梦》

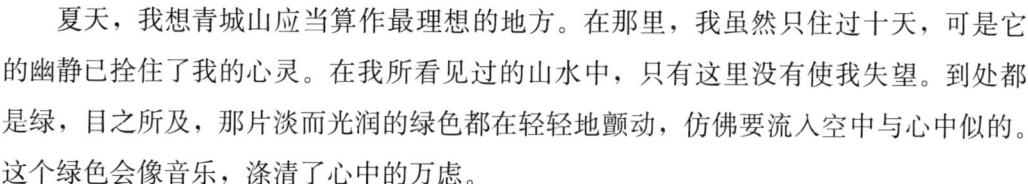

不管我的梦想能否成为事实，说出来总是好玩儿的：

春天，我将要住在杭州。二十年前，旧历的二月初，在西湖我看见了嫩柳与菜花，碧浪与翠竹。由我看到的那点儿春光，已经可以断定，杭州的春天必定会教人整天生活在诗与图画之中。所以，春天我的家应当是在杭州。

夏天，我想青城山应当算作最理想的地方。在那里，我虽然只住过十天，可是它的幽静已拴住了我的心灵。在我所看见过的山水中，只有这里没有使我失望。到处都是绿，目之所及，那片淡而光润的绿色都在轻轻地颤动，仿佛要流入空中与心中似的。这个绿色会像音乐，涤清了心中的万虑。

秋天一定要住北平。天堂是什么样子，我不知道，但是从我的生活经验去判断，北平之秋便是天堂。论天气，不冷不热。论吃的，苹果、梨、柿子、枣儿、葡萄，每样都有若干种。论花草，菊花种类之多，花式之奇，可以甲天下。西山有红叶可见，北海可以划船——虽然荷花已残，荷叶可还有一片清香。衣食住行，在北平的秋天，是没有一项不使人满意的。

冬天，我还没有打好主意，成都或者相当地合适，虽然并不怎样和暖，可是为了水仙，素心腊梅，各色的茶花，仿佛就受一点儿寒//冷，也颇值得去了。昆明的花也多，而且天气比成都好，可是旧书铺与精美而便宜的小吃远不及成都那么多。好吧，就暂这么规定：冬天不住成都便住昆明吧。

作品 49 号

节选自宋元明《走下领奖台，一切从零开始》

在北京市东城区著名的天坛公园东侧，有一片占地面积近二十万平方米的建筑区域，大大小小的十余栋训练馆坐落其间。这里就是国家体育总局训练局。许多我们耳熟能详的中国体育明星都曾在这里挥汗如雨，刻苦练习。

……

作品 50 号

节选自林光如《最糟糕的发明》

在一次名人访问中，被问及上个世纪最重要的发明是什么时，有人说是电脑，有人说是汽车，等等。但新加坡的一位知名人士却说是冷气机。

……

第四章 命题说话

第一节 命题说话测试要点

命题说话是普通话水平测试的第 5 项测试内容，该项测试的目的在于测查应试人在没有文字凭借的情况下说普通话的水平，也就是日常口语交际中说普通话的水平，重点测查语音标准程度、语句规范程度和自然流畅程度等。在整个普通话水平测试中，此项难度最大，此项是否成功直接影响应试人能否顺利通过普通话水平测试，因此我们对该项内容应予以高度重视。

一、命题说话题型

（一）命题说话题型

在命题说话环节，每个题签提供两个话题，由应试人任选其中一个话题独自连续说一段话，时间不少于 3 分钟。命题说话测试范围是有限的，所测试话题均来自《普通话水平测试用话题》指定的 50 则。

考题示例：

  四、命题说话（请在下列话题中任选一个，共 30 分，限时 3 分钟）
    1. 朋友　　2. 过去的一年

（二）普通话水平测试指定话题（50 则）

1. 家乡（或熟悉的地方）
2. 假日生活
3. 难忘的旅行

4. 朋友

5. 童年生活

6. 体育运动的乐趣

7. 我了解的地域文化（或风俗）

8. 我所在的学校（或公司、团队、其他机构）

9. 我喜爱的动物

10. 我喜爱的艺术形式

11. 我喜爱的植物

12. 我喜欢的季节（或天气）

13. 我喜欢的节日

14. 我喜欢的美食

15. 我喜欢的职业（或专业）

16. 我欣赏的历史人物

17. 尊敬的人

18. 我的理想（或愿望）

19. 向往的地方

20. 学习普通话（或其他语言）的体会

21. 印象深刻的书籍（或报刊）

22. 谈服饰

23. 谈传统美德

24. 对环境保护的认识

25. 科技发展与社会生活

26. 谈个人修养

27. 谈社会公德（或职业道德）

28. 谈谈卫生与健康

29. 过去的一年

30. 劳动的体会

31. 老师

32. 让我感动的事情

33. 让我快乐的事情

34. 网络时代的生活

35. 我的兴趣爱好

36. 我的一天

37. 珍贵的礼物

38. 我了解的十二生肖

39. 如何保持良好的心态

40. 对垃圾分类的认识

41. 对美的看法

42. 对亲情（或友情、爱情）的理解

43. 对团队精神的理解

44. 对幸福的理解

45. 对终身学习的看法

46. 家庭对个人成长的影响

47. 生活中的诚信

48. 谈中国传统文化

49. 自律与我

50. 小家、大家与国家

二、命题说话基本要求

（一）语音语调标准

命题说话的测试目的是考查应试人在没有文字凭借的情况下，说普通话的能力和所达到的规范程度。普通话语音标准程度是最重要的考查内容。语音标准指应试人说话发音时声母、韵母、声调要正确；变调、轻声、儿化和"啊"的音变正确恰当。命题说话时要尽可能减少语音错误和语音缺陷。应试人在命题说话规定的 3 分钟时间内所出现的语音错误累计的次数是重要的扣分依据。语音缺陷也是语音标准程度评分的重要依据。语音缺陷的数量和程度直接反映出应试人含有方言语音的程度，在语音错误数量相同的情况下，含有方音或方音明显都会增加扣分。

（二）词汇语法规范

命题说话虽然预先有一定时间的准备，但是仍属于即兴说话，没有文字凭借，应试人要注意词汇语法的规范。要使用普通话词汇，不使用典型的方言词汇。要使用普通话的语法格式，不使用典型的方言语法格式。要使用规范的普通话句式，避免句法失误，避免出现明显的病句。

示例：

普通话	方言
你真讨厌呢	你蛮讨嫌咧
这里没人关心我	这里没人齿起我
我不知道	我知不道
你会跳这种舞吗	这种舞你跳得来吗

（三）语流自然流畅

命题说话要求应试人说话时语速适中，语句通顺流畅，一句一句往下说，逻辑清晰，语意连贯，娓娓道来，缓而不急，不卡壳、不重复、不带口头禅，不断断续续，不结结巴巴，完整传达语意，便于听众的理解。应试人如果出现语言不连贯、语调生硬、结结巴巴以及背稿类似现象，都要被扣分。

（四）语言表达口语化

命题说话是即兴口头表达，要求使用灵活的口头语言。主要表现在多用常用的口语词汇，可以适当使用语气词如"吧""吗"之类，多使用简单句和短句子，句式灵活多变，避免使用结构复杂、成分繁多的长句。当然，口语化是相对而言，不同的人因为语言习惯和文化程度的不同，所表现出的口语化特征不尽相同，但都应该力求使用通俗浅显、灵活流畅的口头语言。许多应试人提前准备了文字材料进行了记忆背诵，在命题说话测试中就会带上较浓的书面文字特色，失掉谈话应有的语调、情感起伏，出现背书腔，这也是会被扣分的。

（五）内容紧扣话题

应试人要围绕选定的话题说话，不能脱离该话题信马由缰，不着边际，不知所云。这些话题是对说话范围的规定，内容宽泛，贴近生活，是应试者比较熟悉、感受较多、有话可说的。在测试前，应试人应充分准备，厘清思路，大致形成主题，这样就不会离题。命题说话主要测试应试人普通话标准程度，尽管要求说话内容围绕话题展开，但对内容并没有太高要求，不要求立意选材、谋篇布局，也不要求措辞精彩优美，如果测试规定的时间到了而未能将话题完整地讲完，也不会被扣分。

第二节 命题说话常见困难与应对方法

一、应试态度方面

（一）过于紧张

紧张是广大应试者在说话测试中最普遍的问题，由于紧张而带来一系列问题，影响到最终普通话测试的表现，如：音量过小、声音发抖、语音错误频发、大脑一片空白等。

应对方法：一是加强考前训练，充分准备，对命题说话话题及说话内容做到烂熟于胸，信手拈来，同时，增加实战锻炼机会，参加各种模拟考试，可以自己录音自己考试，也可以与一同参试的同学朋友互相练习考试，增加对考试内容和考试程序的熟悉度，减少紧张感。二是考前做好积极的自我心理调适，深呼吸，调整身体姿势，集中精力等。

（二）过于轻视

有的应试者十分自信，对于命题说话准备不足，临场考试时才发现自己说到一半没词儿了。央视播音员的语速是 1 秒钟 4 个字，一般人说话一般是 1 秒钟 3 个字，正常语速 1 分钟 150 个字到 200 个字，那么命题说话 3 分钟按平常说话速度能说 450 个字到 600 个字。命题说话如果事先不做一点准备的话，考场临场发挥十之八九是会出现无话可说、硬着头皮乱说的问题的。

应对方法：不可疏忽大意，一定要认真踏实准备好每一个话题的说话内容，至少要准备好说话思路，先说什么，然后说什么。

二、语音语调方面

大部分应试者在"命题说话"环节的语音、语调问题比前 3 项测试时明显增加。这是因为没有文字凭借，应试者的主要精力分散在思考内容、组织语言方面，对自身语音语调的刻意纠音不知不觉被忽略，平常生活中存在的语音缺陷、方音语调会不自觉流露。

应对方法：训练普通话不仅仅是为了应付测试，而是为了全面提升自身普通话水平，提升自身语音面貌，因此在日常工作学习生活中，要有意识地训练自己，养成说规范标准普通话的习惯。同时，对自身存在的语音语调问题要有清晰的了解和认识，在命题说话测试中，可以有意识地规避。

三、表达内容方面

实践中，我们发现许多应试者在命题说话环节最大的苦恼是不知道说什么，或者是一个话题三五句话就把自己想说的说完了，接下来就傻眼。例如：话题"我喜爱的职业"，某应试者说道："我最喜爱的职业是老师，因为我从小就喜欢当老师，我觉得当老师很好。"然后就再也说不出一句话了。还有的应试者，从网上搜来 30 篇命题说话范文背诵，一下子就能听出来有背稿痕迹，因为网络范文基本雷同，并且具有明显的书面化语言表达特色。背诵网络范文也会造成大量失分。

应对方法：一是彻底摒弃背网络范文或者自己撰写稿件先行背诵的方式，这种方式既耽误大量时间，又没有效果，甚至带来坏效果。二是积极训练，拓展思维，对命题说话 50 个话题进行充分的分析和练习，对说话表达的内容组织进行有针对性的训练，做到思维活跃，滔滔不绝，言之有物。

第三节　普通话水平测试用话题分析

很多应试者在命题说话环节最大的障碍在于说不满 3 分钟，曾经有应试者在练习中，认认真真地侃侃而谈，说了一番话，感觉说得差不多了，低头看了一下计时器，才过去 30 秒，顿时觉得 3 分钟十分漫长。

一、具体案例分析

话题：我喜欢的职业（或专业）

某同学：我最喜爱的职业是老师，因为我从小就喜欢当老师，我觉得当老师很好。（10 秒结束）

话题扩展思路：

第一段：世界上的职业有很多种，每个人都会有自己最喜爱的职业，有的人喜欢当医生，有的人喜欢当律师，而<u>我最喜爱的职业是老师</u>。

（由普遍到特殊，由一般到个别，举其他人的例子，再说回自己，是命题说话的非常好的开场白。同时开场白还可以有其他多种方式，如引用名人名言、诗词等。）

第二段：<u>我从小就喜欢当老师</u>。小时候，每当长辈们问起我的理想，我以后想做什么工作，我都会很坚定，很大声地告诉他们："我想当老师！"有一次，我和我的小伙伴们玩过家家的游戏，我就扮演了老师的角色，我来当老师，其他的小伙伴当学生，用家里的白墙作黑板，用树枝作粉笔，给他们讲课，还给他们布置作业、修改作业，那是我童年最美好的回忆了。

（举例子，最好是具体的有生活细节的例子，可以多用排比句、并列句，对事件过程的方方面面进行细节描述。）

第三段：<u>我觉得当老师很好</u>。为什么我会觉得当老师很好呢？因为我觉得当老师有很多好处，比如说有寒暑假，暑假有两个月，寒假有一个月，一年有整整 3 个月的假期，这是其他职业都没有的长假，比如医生、法官、警察等等这些职业很辛苦但是很难休长假。当老师还有一个好处就是工作很开心很有成就感,当老师主要是教学生知识,给同学上课,看到同学们从不明白到学会新的知识,老师会特别有成就感。另外,我的父母也希望我当老师,因为当老师工作很稳定,生活有保障,不会失业。

(可以自己提问,自己回答,每说一个观点一定要有事例、有细节。)

第四段:总结:这就是我想当老师的原因,我最喜爱的职业就是老师!

(如果时间没有把控好,说完结束语,时间还没到,那么可以这样救场:老师是我最喜爱的职业,如果以后实在没有机会成为老师的话,那么我还有另一个喜爱的职业,那就是当××,如上思路再来一遍。)

二、命题说话思路框架及思维特点

(一)思路框架

每一个话题,在说话前,都应该有一个思路准备,知道自己先说什么,再说什么,这样在考试过程中才能不慌不忙,有条不紊。

可以采用"开头+主体+结尾"的思路框架,每一段说话,都准备好开场白和结束语,主体的部分要有案例、有细节、有对比,充分翔实。

(二)思维扩散

部分应试者在训练中,一个话题往往三五句话结束,是因为采取了言简意赅浓缩型的思维方式,而在命题说话考试中,为了避免说话时长不足的问题,应把自己的思维方式调整为扩散型思维方式。除了自己的观点之外,还要扩充前因后果、扩充事实细节、扩充心情感想、扩充同类比较。

例如:我最尊敬的人。

浓缩型说话:尊敬的人。

我尊敬的人是我的父亲。我的父亲很好,我非常尊敬他。

扩充型说话:

前因后果:为什么我尊敬父亲?我是如何尊敬父亲的?尊敬父亲给我带来怎样的结果?

事实细节:父亲曾经说过什么话做过什么事,怎样说,怎样做的?我曾经说过什么话做过什么事,怎样说,怎样做的,体现出我对父亲的尊敬?

心情感想:在事件过程中,我的心情我的感想?

同类比较:别人的父亲是怎样的?别人是否尊敬父亲?他们是如何做如何说的?

(三)注意事项

命题说话尽量说自己熟悉的人、熟悉的事,这样即使不打草稿,也能信手拈来,侃侃而谈，但同时又需注意不要说太动情感的事情或经历，以免导致自己哭得稀里哗啦，说话难以为继，影响考试表现。

　　命题说话测试重在考查口语表达中的语音语貌，在内容方面应试者只需围绕话题充分开展，不跑题、不偏题即可，有可能考生还没说完，已经到时间了，但这并不影响考生的考试分数，因为不是考生没说完，而是时间不允许考生说了。

第五章 选择判断题型测试相关文件

第一节 普通话水平测试用普通话与方言词语对照表（节选）

说明：

本表供普通话水平测试第3项——选择判断测试使用。

本节只节选部分条目，按汉语拼音字母顺序排列。

本表收录少量与普通话同形异义的方言词语，采取加星号"＊"的方式标注。如普通话"包子"对应的上海方言为"馒头＊"，和普通话词语"馒头"同形异义。

一般轻读、间或重读音节，注音标调号，并在该音节前加圆点提示。

	普通话		上海	厦门	广州	南昌	长沙	梅州
1	按	àn	揿		揿		揿	揿
2	暗中	ànzhōng	暗头里/背后头			暗肚里/暗下里		
3	袄	ǎo		棉袄	裘	袄子	袄子	
4	拔	bá			搝	扐		挷
5	把儿	bàr	柄头				把把子	
6	爸爸	bàba	阿伯	老爸/阿爸	阿爸	爷	爷/爷老子/爹爹	阿爸/阿伯
7	掰	bāi		擘		搣	搣	擘
8	白白地	báibáide	白白里	干燋		白白里		
9	白菜	báicài	黄芽菜				芽白/黄芽白	
10	白天	báitiān	日里向	日时	日头	日上	日里	日辰头
11	板凳	bǎndèng	矮凳	椅条				长凳欸
12	半天	bàntiān	半日天	半工				
13	半夜	bànyè	半夜天	半暝		半日夜里	半夜间子	

续表

	普通话		上海	厦门	广州	南昌	长沙	梅州
14	帮忙	bāngmáng		斗骹手				邓手
15	棒子	bàngzi	棒头	槌杖		棍里		棍欸
16	傍晚	bàngwǎn	夜快/夜快头/黄昏头	暗晡	挨晚	挨夜边子	断黑/煞黑/晚边子	临暗晡/临断夜/临夜
17	包子	bāozi	馒头*	包仔/包囝	包仔/包			包欸
18	爆竹	bàozhú	炮仗	炮仔			炮竹	纸爆欸
19	杯子	bēizi		瓯仔				杯欸
20	北边	běi·biān		北爿	北便	北背		北片爿
21	北部	běibù		北顶	北便	北背		北片爿
22	背	bèi		巴脊				背脊
23	背后	bèihòu	背后头	巴脊后				
24	背心	bèixīn		裪仔		背褡子		背心欸/袜衫欸
25	本来	běnlái	本生	本底	原底			
26	本子	běnzi		簿仔				本欸/簿欸
27	笨	bèn	戆		戆居			戆
28	笨蛋	bèndàn	戆大		戆居	木端里	蠢人子	戆古
29	鼻孔	bíkǒng		鼻空	鼻哥窿			鼻公窟
30	鼻涕	bítì	鼻头涕				鼻窦浓	鼻水
31	鼻子	bí·zi	鼻头*	鼻囊/鼻溇	鼻哥	鼻公		鼻公
32	必定	bìdìng	板/板定	定着			呆的	定着
33	边缘	biānyuán		边墘			边头	边唇
34	鞭子	biānzi		箠				鞭欸
35	便条	biàntiáo		条仔				纸条欸
36	遍地	biàndì	一无世界	蜀世界				认滚
37	辫子	biànzi		髻仔				毛鬃欸
38	憋	biē			掬气			欻/焗
39	别	bié	勿要	唔通	咪			唔爱/唔好
40	别处	biéchù	别个地方	别位/别搭	第二度	别哪里		别何欸
41	别的	biéde	别个/另外个	别么	第二啲	别个		别个
42	别人	bié·rén	别人家	别依			别个	别个
43	冰	bīng					凌冰	冹
44	冰棍儿	bīnggùnr	棒冰	霜条	雪条	冰棒		雪枝/雪条
45	并非	bìngfēi	并勿是	并唔是				并唔系
46	并排	bìngpá					品排	平排
47	病	bìng	生毛病	破病				
48	病人	bìngrén	生病人	病依		病人里	病人子	

续表

	普通话		上海	厦门	广州	南昌	长沙	梅州
49	菠菜	bōcài		菠薐菜				甪菜欸
50	伯父	bófù		阿伯	伯爷			阿伯
51	伯母	bómǔ		阿姆	伯娘		伯妈	伯姆
52	脖子	bózi	头颈	颔管	颈*	颈*	颈根	颈根
53	不安	bù'ān	心勿定/勿安定/过意勿去	唔安稳	唔安			唔定
54	不必	bùbì	用勿着/勿要	唔免	唔使			唔使
55	不便	bùbiàn	勿方便/勿便当	无利便	唔方便			唔方便
56	不曾	bùcéng	吥没/勿曾	唔八	唔曾		冇	唔曾
57	不错	bùcuò	勿错	无唊	唔错			唔差
58	不但	bùdàn	勿但	唔若	唔单只			唔单净/唔单止
59	不当	bùdàng	勿当	无着	唔妥			唔当/唔啱
60	不得了	bùdéliǎo	勿得了		唔得了		下不得地	唔得了
61	不得已	bùdéyǐ	吥没办法					唔得已
62	不等	bùděng	勿等/勿一样	无堵好	唔等			唔一样
63	不定	bùdìng	勿晓得	无定着	讲唔定		讲不定	讲唔定/话唔定
64	不断	bùduàn	勿断	无停				么断/么停
65	不对	bùduì	勿对/勿对头/勿好	唔着	唔啱			唔着
66	不服	bùfú	勿服	唔服	唔服			唔服
67	不敢当	bùgǎndāng	勿敢当	当儴起	唔敢当			唔敢当
68	不够	bùgòu	勿够	无够	唔够			唔够
69	不顾	bùgù	勿管/勿顾	尢顾	唔顾			唔顾
70	不管	bùguǎn	勿管	无管	唔管			唔管
71	不光	bùguāng	勿光/勿光光/勿单	唔止	唔单只			唔单净/唔单止
72	不过	bùguò	勿过	不二过				
73	不好意思	bùhǎoyìsi	勿好意思/意勿过	歹神气	唔好意思			唔好意思
74	不合	bùhé	勿符合	无合	唔啱			唔合/唔啱
75	不及	bùjí	勿及/比勿上	无遘	唔及			唔当/当唔得
76	不解	bùjiě	勿懂	儴晓得	唔明			想唔解/想唔通
77	不禁	bùjīn	熬勿牢	儴挡得	忍唔住			忍唔住
78	不仅	bùjǐn	勿仅/勿仅仅/勿单单	唔若	唔净只			唔仅仅/唔单止
79	不久	bùjiǔ	吥没多少辰光	无久	冇几耐		冇好久	唔久/么几久
80	不觉	bùjué	勿知勿觉		唔经唔觉	不警不觉		唔知唔觉
81	不堪	bùkān	吃勿消	儴堪得				顶唔得

续表

	普通话		上海	厦门	广州	南昌	长沙	梅州
82	不可	bùkě	勿可以/勿可	獪使得	唔可以			唔做得
83	不良	bùliáng	勿良/勿好	无好				唔好
84	不料	bùliào	呒没想到	无想着	估唔到		冇想到	想唔倒/么想倒
85	不论	bùlùn	勿论/勿管	唔是	唔论			唔论
86	不满	bùmǎn	勿满意	唔愿	唔满			唔满/唔满意
87	不免	bùmiǎn	免勿了	定着				定着
88	不怕	bùpà	勿怕	唔惊	唔怕			唔怕
89	不平	bùpíng	勿公平	无公平	唔公平			唔公平
90	不然	bùrán	勿然	若无				唔系咹欸（个话）
91	不容	bùróng	勿可以/勿好	獪容得				唔做得
92	不如	bùrú	勿如					唔当/比唔上
93	不少	bùshǎo	勿少	獪少	唔少			唔少
94	不时	bùshí	时勿时		耐唔耐/久不久		时刻子	久不久
95	不停	bùtíng	勿停	无停				么停
96	不同	bùtóng	勿一样	无同	唔同			唔同
97	不想	bùxiǎng	呒没想到	无想	唔想			么想倒
98	不像话	bùxiànghuà	勿像闲话	无亲像款	唔似样		不庄相	唔像话
99	不行	bùxíng	勿可以	獪使得	唔得			唔做得/唔得
100	不幸	bùxìng		衰/歹运				唔好彩
101	不许	bùxǔ	勿许	唔准	唔准			唔准/唔做得
102	不要	bùyào	勿要	唔挃	唔要			唔爱/唔好
103	不要紧	bùyàojǐn	勿要紧	獪要紧	唔要紧			么脉个紧要/么脉个相干
104	不宜	bùyí	勿可以/勿好	无好				唔做得/唔得
105	不用	bùyòng	用勿着	唔免	唔使			唔使
106	不怎么样	bùzěnmeyàng	勿哪能	知知其事			不算么子/并不何里	么太过
107	不止	bùzhǐ	勿罢	无停	唔止			唔止
108	不只	bùzhǐ	勿但	唔若	唔只			唔单
109	不至于	bùzhìyú	勿至于		唔至到			唔至到/唔至当
110	不住	bùzhù	勿停	无停	无停			唔住
111	不足	bùzú	勿满/勿到	无足	唔够			唔足/唔够
112	蚕	cán		娘仔	蚕虫		蚕子	蚕欸
113	蚕豆	cándòu	寒豆	马齿豆			豌豆	胡豆
114	惭愧	cánkuì	勿好意思		唔好意思	羞人		唔好意思
115	苍白	cāngbái		黄酸			嘎白	蚬白

续表

	普通话		上海	厦门	广州	南昌	长沙	梅州
116	苍蝇	cāngying		胡蝇	乌蝇	苍蝇里	饭蚊子/青头蚊	乌蝇
117	插秧	chāyāng	莳秧/摆散	播田		栽禾	插田	莳田
118	茶叶	cháyè		茶箬		茶叶里		
119	刹那	chànà	一霎眼	蜀步仔	一阵间		一下下	一下欸
120	差不多	chà·bùduō	差勿多		差唔多			差唔多
121	差点儿	chàdiǎnr	差一眼/推扳一眼	差淡薄	差啲	差滴子	差点咖子	差一滴/差滴
122	馋	chán	馋痨	重食				
123	蝉	chán		奄埔蛴			蟬良子	呀咦欸
124	颤抖	chàndǒu		抖颤			打抖/打噤	憎/打憎
125	常	cháng	常桩	四常				贴常
126	常常	chángcháng	常桩	四常/常时		经常子	链常/打常	长时/贴常
127	钞票	chāopiào	铜钿	纸字	银纸			银纸
128	吵架	chǎojià	吵相骂/寻相骂		嗌交		闹夹绊/扯夹绊	吵交欸/吵嗲
129	衬衫	chènshān		云衫	恤衫	汗褂子		
130	成天	chéngtiān	一日到夜/一天到夜	归日		一日到夜	整天子	
131	成心	chéngxīn	特为			故意子		断故意
132	乘客	chéngkè	趁客		搭客	坐车个		搭车个
133	吃惊	chījīng		食惊/着惊			受吓	着惊/着吓
134	吃力	chīlì		食力			费累	
135	迟疑	chíyí		尧疑			打厄震	
136	尺子	chǐzi		尺仔				尺欸
137	翅膀	chìbǎng		翼股		翅翻	翼胛	翼胛
138	抽屉	chōu·tì	抽斗		柜桶			书桌隔
139	绸子	chóuzi		绸仔				绸欸
140	出洋相	chūyángxiàng		落脸	甩须		出宝	出六
141	出租汽车	chūzūqìchē	叉头		的士	的士		的士
142	初期	chūqī	开始辰光/开头辰光	初头	初时			
143	除了	chúle	除脱		除咗		除哒	除撇
144	除夕	chúxī	年三十夜	二九下昏	年卅晚	三十夜里	三十夜间子	年三十夜晡
145	厨房	chúfáng	厨房间/灶披间	灶骹		灶屋下里	灶屋	炙下
146	厨师	chúshī	饭司务/烧饭个	馆夫				煮食个师傅
147	处处	chùchù	各到各处	逐位			奈欸都/认滚	
148	窗户	chuānghu		窗仔门			亮窗	窗欸

续表

	普通话		上海	厦门	广州	南昌	长沙	梅州
149	窗口	chuāngkǒu	窗口头		窗仔口	窗子口里		
150	窗帘	chuānglián			窗仔布		亮窗布	
151	床单	chuángdān		床巾		床单里	垫单	
152	吹牛	chuīniú	吹牛三	吹大炮	车大炮	戳口		车大炮
153	炊事员	chuīshìyuán		馆夫	伙头			煮饭个/火头
154	磁铁	cítiě		吸石	吸石		磁铁石	挟铁
155	此地	cǐdì		即搭	呢处			嗰个地方
156	此刻	cǐkè	个个辰光	即阵	呢阵	这场中	咯气子	嗰个时候
157	从前	cóngqián	先头/老早子	往摆/旧底	旧阵时	从来冒		往摆
158	从未	cóngwèi	从来呒没			从冇		从来么过
159	从小	cóngxiǎo		自细	从细	从细大子		从细
160	凑巧	còuqiǎo		碰嘟巧	撞啱	撞巧		啱啱/啱啱好
161	翠绿	cuìlǜ	滴滴绿/碧碧绿			吉绿		浸青
162	村子	cūnzi		乡社/社		盘子*		村欸
163	搓	cuō		挲				挼
164	打败	dǎbài	打败脱	拍败	打输			
165	打架	dǎjià	打相打	相拍	打交			打交欸
166	打量	dǎliang	当仔	相				睉
167	打扰	dǎrǎo	惊吵	搅吵	滚搅			搅噪
168	大便	dàbiàn	屙	放屎	屙屎	屙屎	屙屎	屙屎
169	大哥	dàgē	大阿哥/阿哥	大兄		大老兄		
170	大伙儿	dàhuǒr		大家依				大齐家/大家人
171	大姐	dàjiě	大阿姐/阿姐	大姊				大姊
172	大妈	dàmā		阿婆	阿婆		伯妈	伯姆
173	大拇指	dàmǔzhǐ	大节头/大手节头	大缚母	手指公		大指脑/大指拇	手指公
174	大娘	dàniáng		阿婆	阿婆		伯妈	伯姆
175	大人	dà·rén			大依		大人子	
176	大婶儿	dàshěnr			阿婶	阿婶		叔姆/叔姆欸
177	大事	dàshì	大事体	大事志				
178	大叔	dàshū	爷叔		阿叔	阿叔		阿叔
179	大雁	dàyàn	雁鹅			雁鹅	雁鹅/雁子	雁鹅
180	大衣	dàyī			褛			大褛
181	袋子	dàizi	袋袋		袋仔			袋欸
182	胆量	dǎnliàng		胆头				胆水
183	胆子	dǎnzi		胆头				胆水
184	但是	dànshì		唔句	但系			但系

续表

	普通话		上海	厦门	广州	南昌	长沙	梅州
185	担子	dànzi		担头				担欸
186	当初	dāngchū		当初时	初时		开初/开先	
187	当今	dāngjīn		现主时			如至今	今下
188	当中	dāngzhōng	当中横里	里中	入便	中中间间		
189	刀子	dāozi		刀仔	刀仔			刀欸
190	倒闭	dǎobì	倒脱	倒去	执笠			
191	倒霉	dǎoméi	触霉头	衰	衰		背时	遇倒鬼/行衰运/衰
192	到处	dàochù	各到各处	四界/逐位		看哪里	四路里	奈欸都/认滚
193	灯泡儿	dēngpàor		电珠		灯泡子	泡子	电灯胆
194	凳子	dèngzi		椅条/椅头/椅囝/凳仔				凳欸
195	低劣	dīliè	推扳	差气				差斗
196	笛子	dízi		品箫				箫欸
197	地板	dìbǎn		涂骹地				地泥
198	地下	dìxià	地浪向/地浪	涂骹底		地下里		地泥下背/地泥底下
199	弟弟	dìdi	阿弟	小弟仔	细佬			老弟欸
200	颠倒	diāndǎo	丁倒	倒吊	倒转头			瘌翻/瘌瘌翻
201	电池	diànchí		电涂		电油	电药	电泥
202	掉	diào	落脱/漏脱					跌撇
203	跌	diē	掼				跍	
204	钉子	dīngzi	洋钉					钉欸
205	顶端	dǐngduān	最高个地方				顶高头	顶高
206	丢	diū	落脱/甩	唔见	唔见			跌撇
207	丢人	diūrén	坍招势		丢架	跌脸	丢格/失格	出六
208	东边	dōng·biān				东背		东片片
209	东西	dōngxi	物事		嘢		家伙*	
210	冬瓜	dōngguā		冬瓜瓠				猪欸冬瓜
211	动手	dòngshǒu		起手	啷手			起手
212	洞	dòng			窿		洞子/洞眼	窿欸
213	兜儿	dōur	袋袋		袋仔			袋欸
214	豆子	dòuzi		豆囝				豆欸
215	肚子	dùzi		腹肚				肚屎
216	渡口	dùkǒu		渡船头		渡船口里		
217	对不起	duì·bùqǐ	对勿起		对唔住			对唔住
218	对联	duìlián		联对				对欸

续表

	普通话		上海	厦门	广州	南昌	长沙	梅州
219	蹲	dūn		跔	踎	跍	跍	跰/踎
220	多亏	duōkuī	亏煞	该哉			搭帮	好得
221	多么	duōme	几许	偌	几咁		几多	
222	多少	duō·shǎo	几许	偌	几多	几多		几多
223	哆嗦	duōsuo		打震		抖震	打嗦/打抖	打愽
224	躲	duǒ	蟠	覕	匿			囥
225	躲藏	duǒcáng	蟠		匿埋			囥
226	蛾子	ézi	灯蛾/扑灯虫	页仔		叶飞子	飞蛾子	白翼欻
227	额头	étóu	额角头	头额			额壳	
228	恶心	ěxin		卜吐			作腻/作涌	想翻/想呕
229	饿	è		枵			膪/肚膪	
230	儿女	érnǚ	儿子囡儿	囝儿	仔女		崽女	子女/赖欻妹欻
231	儿童	értóng	小囡	囝仔	细佬哥	细人子	细伢子	细人欻
232	儿子	érzi		囝	仔	崽	崽/崽伢子	赖欻
233	耳朵	ěrduo		耳仔	耳仔	耳刀		耳公
234	发抖	fādǒu		打震		抖震	打嗦/打抖	打愽
235	发火	fāhuǒ	光火	起毛		发气	发气	
236	发誓	fāshì	罚咒	咒誓		发誓言		
237	帆船	fānchuán	扯篷船/行篷船	篷船			风篷船	
238	反正	fǎn·zhèng		横直	横掂		横直/横去/纯去	
239	返回	fǎnhuí		转倒来			打转	到转
240	方才	fāngcái	刚刚再	头先/即久	啱先	将脚	才刚	头先
241	房东	fángdōng		厝主	屋主			屋主
242	房子	fángzi		厝				屋欻
243	房租	fángzū		厝租	屋租			屋租
244	仿佛	fǎngfú	像煞	亲像				
245	飞快	fēikuài	老快/老老快					飞趚/飞捋使
246	非常	fēicháng	老老/交关	野诚			蛮	异
247	肥皂	féizào		雪文	番枧/番硷	洋硷	胰子油	番枧/番硷
248	诽谤	fěibàng	戳壁脚	谤				讲衰
249	费力	fèilì		食力	唯力气		费累	
250	粉末	fěnmò	粉子			末末子	粉子	
251	风筝	fēngzheng	鹞子	风吹	纸鹞			纸鹞欻
252	疯子	fēngzi		痟依	癫佬			癫欻
253	蜂	fēng					蜂子	蜂欻
254	否则	fǒuzé	勿然	若无				唔系就

续表

	普通话		上海	厦门	广州	南昌	长沙	梅州
255	夫妻	fūqī		翁姥	两公婆	两马老子	两公婆	两公婆
256	父母	fùmǔ	爷娘	爸母	老豆老母	爷娘	爷娘	爷嬢
257	父亲	fù·qīn	爷	老爸	老豆	爷	爷老子/爹爹	阿爸/阿伯
258	付款	fùkuǎn	付钞票		畀钱		把钱	
259	妇女	fùnǚ	女个	查某/妇人侬			堂客们	妇人家
260	干净	gān·jing		清气			索利	零俐
261	甘蔗	gānzhe		蔗	蔗	甘菜		蔗
262	赶紧	gǎnjīn			快啲			撞快
263	赶快	gǎnkuà			快啲			撞快
264	赶忙	gǎnmáng			拿拿声			撞快
265	干活儿	gànhuór	做生活	作鬼	做嘢			做细
266	干吗	gànmá		创啥	做乜嘢	做什里	做么子	做脉个
267	刚	gāng		堵堵	啱			
268	刚才	gāngcái		堵则	啱先	将脚	才刚	头先
269	刚刚	gānggāng			啱啱	将将	刚合/严刚	啱啱
270	高低	gāodī	清头	悬下				
271	高粱	gāoliang		番黍		芦粟		高粱粟
272	告诉	gàosu			话畀		告兴	话分……知
273	疙瘩	gēda		粒仔				勃欻
274	哥哥	gēge	阿哥	阿兄				阿哥
275	胳膊	gēbo	臂把/手臂把	手肚		胳古里	手把子	
276	鸽子	gēzi				鸽里		月鸽欻
277	隔壁	gébì	隔壁头		隔篱	间壁		
278	各自	gèzì	各人自家	古侬古				各人自家
279	跟随	gēnsuí			跟住	跟倒		腾等/跟等
280	跟头	gēntou	跟斗	车奶	跟斗	跟斗里		跟斗/劲斗
281	更	gèng	因加	固恰			更经	又过
282	更加	gèngjiā		搁卡			更发/更经	又过
283	工具	gōngjù	家生	家私头				家生
284	公公	gōnggong			家公		家爷	家官/阿公
285	共	gòng	亨孛冷打		𪞝𠾉呤			捞秋/捞总/捞等
286	共计	gòngjì			合埋	佮拢	劳总/劳共	捞秋/捞总/捞等
287	钩子	gōuzi	扎钩/搭钩					钩欻
288	姑姑	gūgu		阿姑	姑姐		姑子	阿姑
289	姑娘	gūniang	囡儿	查某囝仔		女崽子	妹子	细妹欻/妹欻人
290	故意	gùyì	特为	刁故意	特登/专登	特事	罢是	断故意

103

续表

	普通话		上海	厦门	广州	南昌	长沙	梅州
291	顾不得	gùbude	顾勿得	艙顾得	顾唔得			顾唔得/唔顾得
292	顾客	gùkè	买客			买东西个		买东西个
293	拐弯	guǎiwān		斡弯			躁弯	
294	怪不得	guàibude	怪勿得	艙怪得	怪唔得			怪唔得/唔怪得
295	光棍儿	guānggùnr			寡佬		光裤带	
296	闺女	guīnǚ	囡儿	查某囝			妹子	妹欸人/妹欸
297	柜子	guìzi		厨仔				柜欸
298	锅	guō	镬子	鼎*	镬	窝子	锅子	镬头/镬欸
299	果树	guǒshù		果子树				果欸树
300	过后	guòhòu	后首来	了后				
301	过去	guòqù	老早子	往摆				往摆
302	过失	guòshī		唔着	错失			唔着
303	还是	háishi		阿是	重系			闲系
304	孩子	háizi	小囡	囝仔	细佬哥	细鬼	细伢子	细人欸
305	害羞	hàixiū		惊见笑	怕丑	着羞	怕丑	
306	汉子	hànzi	男个	大夫侬		男个		男软人
307	毫不	háobù	一眼也勿	总无	一啲都唔			一滴也唔
308	好多	hǎoduō	交关	好侪				异多
309	好好儿	hǎohāor	好好叫		好哋哋	好好里	好生	好的的欸
310	好久	hǎojiǔ	交关辰光	野久	好耐			异久
311	好看	hǎokàn			好睇			异孌看
312	好玩儿	hǎowánr	好孛相	好七跎				异好搞
313	好像	hǎoxiàng	像煞	亲像				
314	好些	hǎoxiē	交关	诚侪				异多
315	好样的	hǎoyàngde			好呖嘅	要得		
316	好在	hǎozài	好得/亏煞	该哉				好得
317	喝	hē	呷*/喫	食*/啉		喫	喫	食*
318	合伙	héhuǒ	佮伙	斗伙	佮伙	扯伙/交伙/斗伙		合本欸
319	黑人	hēirén		乌侬		黑人里		
320	黑夜	hēiyè	夜里向	冥时	夜晚黑		夜间子	夜晡头/暗晡头
321	恨不得	hènbude	恨勿得	苦唔	恨唔得			喉连
322	红薯	hóngshǔ	山芋	番薯	番薯			番薯
323	喉咙	hóu·lóng	胡咙	咙喉				喉连
324	猴子	hóuzi	活狲	老猴/猴囝	马骝			猴哥
325	后背	hòubèi		巴脊				背囊
326	后悔	hòuhuǐ		退悔			失悔	

续表

	普通话		上海	厦门	广州	南昌	长沙	梅州
327	胡同儿	hútòngr	弄堂		巷仔	巷子	巷子	巷欸
328	胡子	húzi	胡苏/牙苏	喙须	卷须			须菇
329	蝴蝶	húdié		尾页		叶飞子	蝴蝶子	
330	花生	huāshēng	长生果	涂豆		瓜生		番豆
331	还	huán			畀返			分转
332	缓缓	huǎnhuǎn	慢慢叫	慢慢仔	慢慢仔/缓缓仔	缓缓子	慢慢子	闹闹欸
333	黄昏	huánghūn	夜快头/夜快/黄昏头	暗头	挨晚	挨夜边子	断黑/煞黑/晚边子	临夜/临暗/临断夜/临暗晡
334	黄金	huángjīn		金仔				金欸
335	蝗虫	huángchóng		草蜢	草蜢	蚱蚂/蝇里		草蜢欸
336	灰尘	huīchén	坌尘	涂粉				尘灰
337	回避	huíbì		走闪				闪阿开/闪走
338	回来	huí·lái		倒来	返嚟	来归	转来	转来
339	回去	huí·qù		倒去	返去		转去	转去
340	回头	huítóu		越头	返转头		斡头	傲转头
341	火柴	huǒchái	自来火	火擦/火拭		洋火	洋火	自来火
342	伙伴	huǒbàn	淘伴			伴当		同阵个/共阵个
343	鸡蛋	jīdàn		鸡卵	鸡春			鸡卵
344	几乎	jīhū	几几乎/差一眼			差滴子		差滴
345	饥饿	jī'è		枵饿				肚饥
346	嫉妒	jídù		怨妒	妒忌			
347	给予	jǐyǔ	拨伊	护伊	畀			
348	脊梁	jǐ·liáng	背脊骨	巴脊骨		背脊骨	背脊骨	腰骨
349	家畜	jiāchù		精牲		头牲		头牲
350	家伙	jiāhuo	家生	家私	架罉			
351	家具	jiā·jù		房内	家私			家私
352	家人	jiārén		家里依	屋企人	屋里人	屋里人	家肚欸个人
353	假若	jiǎruò		若卜	若果/若然			假设使
354	坚实	jiānshí		楋实			硬扎	硬程/主固
355	坚硬	jiānyìng		楋			硬扎	
356	监狱	jiānyù	牢监		监仓			
357	剪刀	jiǎndāo		铰剪	铰剪	剪里		
358	渐渐	jiànjiàn	慢慢叫	慢慢仔		慢慢子		慢慢欸
359	将要	jiāngyào		得卜	就嚟			就爱
360	交谈	jiāotán		倾偈	谈驮		打讲	
361	焦急	jiāojí		喉急	着革			掂急

续表

	普通话		上海	厦门	广州	南昌	长沙	梅州
362	嚼	jiáo		哺	噍			噍
363	角落	jiǎoluò	角落头	角头	角落头	角下里	角弯	角头/角落头
364	脚印	jiǎoyìn		骹印		脚迹		脚迹
365	叫作	jiàozuò		号做			喊做	喊做
366	轿车	jiàochē		小包车		包车子		细汽车
367	结实	jiēshi	结足/扎致/硬扎	勇壮	实净		硬扎	硬程/主固
368	接连	jiēlián	连牢/连了	连世				接等/跟等
369	洁白	jiébái	雪雪白	白脱				碰白
370	姐姐	jiějie	阿姐	大姊	家姐			阿姊
371	今天	jīntiān	今朝子/今朝	今旦日/今囝日	今朝	今夜	今日子/今朝子	今晡日
372	金鱼	jīnyú	金睛鱼			金鱼子		金鱼欸
373	尽快	jǐnkuài		尽紧	快快脆脆			撞快
374	进来	jìn·lái		入来	入嚟			入来
375	经常	jīngcháng	常桩	常时				贴常/长时
376	惊人	jīngrén	吓煞人	惊侬				
377	精子	jīngzǐ		韶		卵熊	卵浆	
378	警察	jǐngchá		马达仔/马达仔的	差佬			差哥伯
379	静悄悄	jìngqiāoqiāo	静静叫	静参参	静因因			
380	镜子	jìngzi				镜里		镜欸
381	就是说	jiùshìshuō			就系话	就是话		就系讲
382	舅舅	jiùjiu	娘舅	阿舅		母舅		阿舅
383	舅妈	jiùmā		阿妗	妗母			舅姆/舅婆
384	橘子	júzi		柑仔				柑欸/橘欸
385	咀嚼	jǔjué		哺	噍	噍		噍
386	据说	jùshuō	据说讲/听说讲	据讲		听倒话		
387	锯	jù		锯仔				锯欸
388	决不	juébù	决勿/绝对勿	定着唔				定着唔/咩欸也唔
389	均匀	jūnyún	牵均	褯			匀净	匀
390	菌	jūn				菇里	菌子	菌欸
391	开水	kāishuǐ		滚水/滚汤	滚水			滚水
392	开玩笑	kāiwánxiào		滚笑	讲笑		逗勒/逗伲子	讲笑
393	看	kàn			睇			睐
394	看不起	kàn·bùqǐ	看勿起	看唔起	睇唔起			看唔起
395	看见	kàn·jiàn			睇见			看倒

续表

	普通话		上海	厦门	广州	南昌	长沙	梅州
396	看样子	kànyàngzi		看款	睇样			看样欸
397	看作	kànzuò	看成功		睇做			
398	可爱	kě'ài	好宇相	好疼			逗人爱	得人惜
399	可口	kěkǒu	上口	醒喙	好味			
400	可巧	kěqiǎo		嘟仔	碰啱		刚合	啱啱
401	可是	kěshì		唔久	但系			但系
402	可恶	kěwù	触气					得人恼
403	可以	kěyǐ		会使得			要得	做得
404	渴	kě	干	喙燋/燋	颈渴		干	喙燋/肚渴
405	客人	kè·rén	人客	侬客/农客	人客	人客	人客	人客
406	恐怕	kǒngpà	恐防	惊了			怕莫	惊怕
407	空隙	kòngxì		隙	罅			罅欸
408	筷子	kuàizi		箸				筷只
409	喇叭	lāba		洋号				叭哈
410	辣椒	làjiāo		番姜			斑椒	
411	来不及	lái·bùjí	来勿及	𣍐赴	嚟唔切			来唔察
412	来得及	láidejí		会赴				来得察
413	来年	láinián	开年	下年	出年	下年子		出年
414	篮子	lánzi	篮头	篮仔				篮欸
415	浪费	làngfèi		厌脱	唯			瀺撒欸
416	老板	lǎobǎn		头家	老细			
417	老大妈	lǎodàmā	老阿婆	老阿婆	亚婆		娭毑	老阿婆
418	老大爷	lǎodàye	老阿爹	老阿公	亚伯		爹爹	老阿公/老阿伯
419	老汉	lǎohàn		老伙仔			老倌子	老阿公/老阿伯
420	老人家	lǎo·rén·jiā		老侬	伯爷公			
421	老鼠	lǎo·shǔ	老虫	乌鼠/猫鼠		老虫	老鼠子/高客子	
422	老太太	lǎotàitai		老阿婆	伯爷婆		娭毑/婆婆子	老阿婆
423	老头子	lǎotóuzi		老阿伯	伯爷公		老倌子	老货
424	泪水	lèishuǐ	眼泪水	目屎			眼泪水	目汁
425	梨	lí	生梨	梨仔		梨里	梨子	梨欸
426	黎明	límíng	清早晨	天光早	天蒙光	天光边子	一黑早	临天光
427	篱笆	líba	枪篱笆	笐篱				
428	里边	lǐ·biān	里向头/里向	里片	入便/里便			底背/肚欸/底肚欸

续表

	普通话		上海	厦门	广州	南昌	长沙	梅州
429	里面	lǐ·miàn	里向头/里向		入便			底背/肚欸/知肚欸
430	力气	lìqi	力道	力草				力水
431	历来	lìlái		落底	不溜		一路来	一溜来
432	厉害	lìhai	结棍			结棍		得人畏
433	栗子	lìzi			风栗			栗欸
434	俩	liǎ	两家头	两其				
435	连忙	liánmáng					流些/流时	撞快
436	连年	liánnián	连牢几年	几落年				连等几年
437	连续	liánxù	连牢仔	相世				连等
438	镰刀	liándāo		镰仔		镰里	镰子/禾镰子	镰欸
439	恋爱	liàn'ài			拍拖		谈爱	
440	凉水	liángshuǐ		清水	冻水			
441	两边	liángbiān	两旁边	两爿				两片月
442	两口子	liángkǒuzi	夫妻两家头	翁某仔		两马老子		两公婆
443	两旁	liángpáng	两旁边	两爿	两便			两片爿
444	聊	liáo		化仙	打牙较		打讲	打牙告
445	聊天儿	liáotiānr	讲张	化古	倾偈/打牙较	谈驮	扯粟壳/扯经	打牙告
446	邻居	lín·jū		厝边	隔篱			隔篱
447	凌晨	língchén	天快亮个辰光	天光早	天蒙光		一黑早	临天光
448	零碎	língsuì		碎类	湿碎			
449	流氓	liúmáng		歹囝				烂哉
450	聋	lóng	聋膨	臭耳	臭耳聋			
451	路口	lùkǒu	路口头	路头				路头上/路头径上
452	路上	lùshang	路浪/路高头	路顶				路头上/路头径上
453	萝卜	luóbo		菜头	萝白			萝卜
454	抹布	mābù	揩布/揩台布	桌布巾	抹台布			
455	妈妈	māma	姆妈/母妈	阿母	老母	姆妈	娘老子/姆妈	阿嫲/阿姆/阿妈
456	麻雀	máquè		粟鸟仔		奸雀子	麻雀子	禾必欸
457	马铃薯	mǎlíngshǔ	洋山芋	番仔番薯/番团番薯	薯仔		洋芋头/洋芋子	荷兰薯
458	蚂蚁	mǎyǐ		狗蚁	蚁	蚂蝇里	蚂蚁子	蚁公
459	麦秸	màijiē	麦柴	麦稿	麦秆	麦秆子/麦秆噅	麦梗子	麦稿

续表

	普通话		上海	厦门	广州	南昌	长沙	梅州
460	馒头	mántou	淡馒头	面头		馍馍		包欸
461	忙	máng		无闲	唔得闲			唔得闲
462	盲人	mángrén		背盲的	盲公			摸目欸
463	毛巾	máojīn		面巾	面巾			面帕
464	毛线	máoxiàn				头绳子	洋绳子	绒欸
465	毛衣	máoyī	绒线衫		冷衫		绳子衣/洋绳子衣	
466	帽子	màozi		头帽				帽欸
467	没错	méicuò	呒没错	无畛	无错	冒错	冇错	么差
468	没关系	méiguānxi	呒没关系	无要紧	唔要紧/唔紧要	冒关系	现话得	么相关
469	没什么	méishénme	呒没啥	无要紧	无乜嘢	冒什里	现话得	么脉个
470	没事	méishì	呒没事体	无事济	无事	冒有事	冇事	么事
471	没说的	méishuōde	呒没闲话	无通讲		冒什里话得	冇得讲的	么得讲/么嫌
472	没意思	méiyìsi	呒没意思		无意思	冒意思	冇搞手	么意思
473	没用	méiyòng	呒没用场/呒没用	无路用		冒用	冇用	么用
474	没有	méi·yǒu	呒没				冇	么
475	没辙	méizhé	呒没办法	无法度		冒办法	冇得法	么办法/么法
476	眉	méi		目眉				目眉毛
477	妹妹	mèimei	阿妹		细妹	妹子	老妹	老妹欸
478	迷失	míshī	搞勿清爽		荡失		荡走/流路	
479	谜	mí	枚枚子				谜子	靓欸
480	谜语	míyǔ	枚枚子			谜里	谜子	靓款
481	棉衣	miányī		棉裘/棉衫	棉衲	袄子		
482	面前	miànqián	眼门前	面头前			眼门口	
483	明年	míngnián			出年		明年子	出年
484	明天	míngtiān	明朝子/明朝	明旦日/明囝日	听日/听朝		明日子	晨朝日/天光日
485	命运	mìngyùn		字运				命水
486	蘑菇	mógu		菇		菇菇里	菌子	菇欸/菌欸
487	模样	múyàng		样相			样范	样欸
488	母亲	mǔ·qīn				姆妈	姆妈/娘老子	阿姆/阿嫲
489	木材	mùcái		柴料				树欸
490	木匠	mùjiang		木师	斗木佬			整房桶个

第二节　普通话水平测试用普通话与方言常见语法差异对照表

说明：

本材料供普通话水平测试第 3 项——选择判断测试使用，同时也可以作为第 5 项——命题说话词汇、语法规范程度的评测依据。

内容大致按词法和句法分类排列，词法在前，句法在后。

本材料各语法类别下所列若干组句子，普通话说法放在前边，方言说法放在后边（句后标"方"），命题时排列顺序可随机变动。

本材料各语法类别下所列若干组句子，仅为举例性质，远非普通话与方言语法差异的全部，而且同一格式的句子或词语尽量不多举，测试命题时可按同格式替换、类推。

汉语普通话与各方言之间的差别，总的来说语音方面表现最突出，因此，在进行普通话教学和训练的过程中，首先抓住方言区语音上的难点是完全正确的。其次是词汇，这一部分与语音的差别比起来不那么突出和外显，但是也很容易造成交流和沟通的障碍。相对于语音和词汇而言，普通话与方言在语法上的差别更容易被人忽视，某些突出的语法现象需要格外留心。例如有些方言区的人学说普通话很容易就会说出"你走先""我有看""你讲少两句"一类的句子来。这些句子格式都不合乎普通话语法规范，直接影响表达效果。

这里说的方言和普通话的差异，实际上主要是指在测试中表现出来的地方普通话（指处于方言向普通话过渡中的"中介状态"）和标准普通话之间的差别。同是差异和问题，在语音和语法上的表现又有不同。语音上的差异主要表现在地区上，不同的地区有不同的差别和问题，主要是带着不同口音的地方腔。而语法差异则不同，有时不同方言区之间会相互渗透一些方言的句式或表达习惯，几个不同方言区可能存在同样的语法问题，所以我们在做语法差异对比时，不以地区分类，而是按不同问题的类型进行分类。

方言中有一些句式，似乎和普通话一样，比如广西方言说"我不比他好"，意思是"我没有他好"。孤立地看，这句话没有语法错误，因为普通话中也有这样的句式。但是普通话中，"我不比他好"包含两层意思：一是"我没有他好"，二是"我和他一样"。广西话"我不比他好"只能表达前一层意思，如果要表达的是后一层意思，这种说法就错了。所以对于这一类句式,只有在一定的语言环境中才能判断出正误来。

(一)词尾

普通话和各方言都有一些词尾,最常见的如"子、儿、头"等,但这些词尾用在什么词语里,普通话和方言有所不同。普通话说"虾",不带"子",江苏很多地方都说"虾子"。与此相反,普通话中的"袜子",在吴方言中大都说"袜"或"洋袜"。普通话的"鼻子",吴方言说成"鼻头"。江淮方言中名词的"子"尾特别多,儿化普遍比普通话少,甚至完全没有儿化。普通话中的"明年、麦穗儿、豆角儿、鸡、蝴蝶、脸盆、嘴唇、脚底板儿、肚脐眼儿、面条儿"等,在江淮方言中说成"明年子、麦穗子、豆角子、鸡子、蝴蝶子、脸盆子、嘴唇子、脚底板子、肚脐眼子、面条子"。"帽子""裤子",在山西某些地区说成"帽的""裤的"或"帽儿""裤儿","狐狸"说成"狐的""狐子"。山西方言还往往把儿化词语的"儿"尾去掉,前边的词语重叠。各方言区还有一些普通话中没有的词尾,如吴方言普遍有"厨房间、厕所间、客堂间"的说法,普通话都不带"间"字。南昌话中重叠副词的词尾"子",相当于北京话的"儿"。总体上说,方言中的词尾比普通话用得多些。我们说普通话时,要多加注意,去掉这些词尾,或改用普通话的词尾。

a. 腿变粗了。

b. 腿子变粗了。(方)

a. 我买了一顶帽子、一条裤子。

b. 我买了一顶帽的、一条裤的。(方)

c. 我买了一顶帽儿、一条裤儿。(方)

a. 有一窝鸡都让狐狸吃了。

b. 有一窝鸡都让狐的吃了。(方)

c. 有一窝鸡都让狐子给吃了。(方)

a. 灯丝儿又断了。

b. 灯丝的又断了。(方)

c. 灯丝子又断了。(方)

a. 门上有一个眼儿。

b. 门上有一个眼眼。(方)

a. 把瓶子上的盖儿拧开。

b. 把瓶瓶上的盖盖拧开。（方）

a. 我捉住它的小腿，把它带回去。

b. 我捉住它的小腿子，把它带回去。（方）

（二）指示代词：这

普通话中，指示代词"这"用来指代人和事物，表示"近指"，与"那"（远指）相对。上海、江苏、浙江、广东、广西等地的方言里常常没有"这"。

a. 这支笔是谁的？

b. 支笔是谁的？（方）

a. 这朵花真好看。

b. 朵花真好看。（方）

a. 这本书是我的。

b. 本书是我的。（方）

a. 这只鸡死了。

b. 只鸡死了。（方）

（三）数量

福建等一些方言的称数法与普通话说法不大一样，有的方言区的人说普通话往往在数量上加以替代或省略。

a. 他今年二十一岁。

b. 他今年二一岁。（方）

a. 我有一百一十八块钱。

b. 我有百一八块钱。（方）

a. 这大米有一千三百公斤。

b. 这大米有千三公斤。（方）

a. 这座山有一千九百五十米高。

b. 这座山有千九五米高。(方)

c. 这座山有一千九五米高。(方)

a. 距离考试还有一个多月。

b. 距离考试还有月把天/月把日。(方)

a. 我们写作业用了一个半小时。

b. 我们写作业用了一点半钟。(方)

c. 我们写作业用了点半钟。(方)

a. 他审阅了二百一十三个方案。

b. 他审阅了二百十三个方案。(方)

(四)数词:二与两

在普通话里,"两"一般只作基数词,"二"除了作基数词,还可以作序数词,如"二班、二哥、二楼",是"第二个班、第二个哥哥、第二层楼"的意思。"二"与"两"都作基数词的时候,意思是一样的,但是根据普通话的习惯,用法也有许多不同。浙江、海南、台湾的很多地区和江苏、广东的部分地区把"二"说成"两"。

a. 二比二。

b. 两比两。(方)

a. 他大约要两三个月才能回来。

b. 他大约要二三个月才能回来。(方)

a. 还有二两油。

b. 还有两两油。(方)

a. 下午两点多。

b. 下午二点多。(方)

a. 我家住在二层。

b. 我家住在两层。(方)

a. 两个人的世界。

b. 二个人的世界。（方）

（五）动词：给

动词"给"在湖北、湖南等地常说成"把"，南昌话把"给"说成"到"，在结构上也有不同。

a. 把书给他。

b. 把书把给他。（方）

c. 把书把他。（方）

a. 给我一本书。

b. 拿一本书到我。（方）

（六）助动词：会

普通话的助动词"会"表示懂得怎样做或有能力做（多半指需要学习的事情），香港等地常用"懂"替代普通话里的"会"。

a. 我不会说英语。

b. 我不懂说英语。（方）

a. 我连炒菜也不会。

b. 我连炒菜也不懂。（方）

a. 起初，我是不会游泳的。

b. 起初，我是不懂游泳的。（方）

（七）助动词：能（善于义）

"能"在普通话里一种意思是表示"善于"，前边可以有程度副词"很""非常"修饰。有些方言区用"会"代替"能"，普通话"程度副词＋会"也有"善于"的意义，所以在这种情况下"能"和"会"通用。"程度副词＋不会"表示不善于，但"不能"的前面不可以用程度副词。前面没有程度副词的"不会"和"不能"意义不同。

a. 他很能说。

b. 他很会说。

c. 他很不会说话。

d. 他很不能说话。（方）

a. 妈妈很能干活。

b. 妈妈很会干活。

c. 妈妈很不会干活。

d. 妈妈很不能干活。（方）

a. 他不会不来。

b. 他不能不来。（方）

（ab 两句表达意思不同的时候，ab 都是普通话的说法；当 b 句表达意思与 a 相同时，b 句为方言说法。）

（八）助动词：能（可以义）

"能"在普通话中，还有"可以"的意思。四川等地在句中动词的后面加"得"表示可以、可能做某种动作。闽南方言也用"会"来表示可以、可能做某种动作。

a. 这凳子能坐三个人。

b. 这凳子坐得三个人。（方）

c. 这凳子会坐得三个人。（方）

d. 这凳子会坐三个人。（方）

a. ——你能走吗？

——能走。

b. ——你走得不？

—— 走得。（方）

a. 这条裤子你能穿。

b. 这条裤子你穿得。（方）

a. 开了刀，他笑都不能笑。

b. 开了刀，他笑都笑不得。（方）

a. 他伤好了，能走路了。

b. 他伤没好，不能走路。

c. 他伤没好，不会走路。（方）

a. 可以看，不可以摸。

b. 会看得，不会摸得。（方）

a. 插座有电，你不能乱摸。
b. 插座有电，你不敢乱摸。（方）

a. 他能听得懂。
b. 他会听得来。（方）
c. 他听会来。（方）
d. 他晓得听。（方）

（九）趋向动词：来、去

"来""去"在普通话句子中都有两种功能：一个是实义动词，一个是意义虚化，在动词后只表示一种趋向；但"来""去"所表示的趋向相反。在一些方言区中常常在"去"之前衍生出一个"来"字。有的动词后的"去"又说成"来"。闽南话中"来去"还有"将要"的意思，表示一种意向，指现在正开始行动。

a. 我正要吃饭去。
b. 我正要去吃饭。
c. 我来去吃饭。（方）

a. 我告诉他。
b. 我去告诉他。
c. 我来去告诉他。（方）

a. 咱们逛街去。
b. 咱们去逛街。
c. 咱们来去行街。（方）

a. 我们去问他。
b. 我们来问他。（方）

（ab 两句表达意思不同的时候，ab 都是普通话的说法；当 b 句表达意思与 a 相同时，b 句为方言说法。）

c. 我们问他去。
d. 我们去问他来。（方）

a. 我们一起去看电影好吗？

b. 我们一起来去看电影好吗？（方）

（十）趋向动词：起来

普通话里趋向动词"起来"常放在动词或形容词之后，表示动作或状态的开始，格式有"动词+起+宾语+来"，有时也可以说成"宾语+动词+起来"。有些方言把"起来"放在宾语之后。

a. 下起雨来了。

b. 下雨开了。（方）

a. 说起话来没个完。

b. 话说起来没个完。

c. 说话起来没个完。（方）

（ab两句表达意思不同的时候，ab都是普通话的说法；当b句表达意思与a相同时，b句为方言说法。）

（十一）形容词重叠

形容词在普通话中可以重叠，但单音节重叠一般要在后面加上"的"字，如"红"重叠为"红红的"。但在湖北、浙江等一些方言里常常没有"的"。有的方言里有三叠。状态形容词及其重叠形式在某些方言中的表示法也不同。另外要注意，性质形容词的重叠式和状态形容词不再受程度副词的修饰。

a. 他的手洗得很白。

b. 他的手洗得白白。（方）

c. 他的手洗得白白白。（方）

a. 血红血红的

b. 血红红的（方）

c. 红蛮红的（方）

d. 红红唯的（方）

a. 冷冰冰

b. 冰冰冷（方）

c. 冷冰哒（方）

d. 冰嘎凉（方）

a. 雪白雪白的
b. 雪雪白的（方）
c. 雪白白的（方）

a. 喷喷香
b. 香喷喷
c. 喷香香（方）

a. 清清白白
b. 清清白（方）
c. 清白清白（方）

a. 认认真真
b. 认认真（方）

a. 高高兴兴
b. 高高兴（方）

a. 大大方方
b. 大大方（方）

a. 普普通通
b. 普普通（方）

（十二）程度副词

普通话里"很、太、非常"等程度副词可以直接放在动词、形容词之前表示动作、性状的程度，不能直接放在动词、形容词之后。有些方言（如四川话）里却常把"很"直接放在动词、形容词之后表示程度。有些方言虽然程度副词也可直接放在动词、形容词之前，但所用的是不同于普通话的方言副词，如"好好、忒、过、老、异"等。

a. 菜太老了，不能吃了。
b. 菜老很啰，吃不得啰。（方）

a. 这天真蓝啊！

b. 这天好好蓝啊！（方）

a. 冬天北方非常冷。
b. 冬天北方过冷。（方）
c. 冬天北方老冷。（方）
d. 冬天北方异冷。（方）

a. 我太紧张了。
b. 我过紧张了。（方）
c. 我忒紧张了。（方）

a. 他非常可爱。
b. 他好好可爱。（方）
c. 他上可爱。（方）

a. 这朵花真香。
b. 这朵花几香啊。（方）
c. 这朵花老香。（方）

a. 这菜太咸。
b. 这菜齁咸。（方）
c. 这菜伤咸。（方）
d. 这菜咸伤了。（方）
e. 这菜老咸。（方）

（十三）范围副词

范围副词"都""全"在普通话中表意基本相同，在"都/全＋动＋补"的格式中，表示"全部"。一些方言表示该意义往往用"动＋动＋补"的格式。

a. 你们都出去。
b. 你们全出去。
c. 你们全都出去。
d. 你们出出去。（方）

a. 都收起来。

b. 收收起来。（方）

（十四）否定副词：不

普通话里表示否定的副词"不"，在福建等一些方言中常常说成"没""没有"。

a. 他手表丢了找不到。

b. 他手表丢了没有地方找。（方）

a. 你去，我不去。

b. 你去，我没有去。（方）

a. 这菜不咸。

b. 这菜没有咸。（方）

a. 我吃不到荔枝。

b. 我吃没有荔枝。（方）

a. 妈妈说红的花多半不香。

b. 妈妈说红的花多半没有香。（方）

a. 他脑子不笨。

b. 他脑子没有笨。（方）

（十五）介词：被

普通话里常用介词"被"（口语里常用"叫""让"等）构成表示被动意义的"被"字句。一些方言里表示被动意义的介词的位置跟普通话相同，但所用介词与普通话不同。如湖南长沙把"被"说成"捞"，临武把"被"说成"阿"。山西把"被"说成"招、叫、让、得"等。四川有的地区把"被"说成"遭、叫、着、拿给"等。

a. 书被弟弟撕坏了。

b. 书阿弟弟撕坏了。（方）

a. 妹妹的书包被树枝挂破了。

b. 妹妹的书包遭树枝枝挂破啰。（方）

a. 我的书被别人借走了。

b. 我的书遭别人借走啰。(方)

c. 我的书拿给别人借走了。(方)

a. 我们被他骂了一顿。

b. 我们遭他骂了一顿。(方)

c. 我们招他骂了一顿。(方)

a. 大家都被他说乐了。

b. 大家都叫他说乐了。

c. 大家都招他说乐了。(方)

d. 众人都得他说乐了。(方)

a. 别让他跑了。

b. 别尽他跑了。(方)

(十六) 介词：从、在、到、向、往

"从"在普通话里是表示动作起始点的介词，常带宾语构成介词短语作状语。福建常把"从"说成"对""走"等。山西地区说成"朝、赶、迎、假、跟、以、拿、到"等。

普通话里常用介词"在""到"构成介词短语作谓语动词的状语或补语表示处所。有些方言区把"在""到"说成"咧、摆、搁"等，有的干脆省略介词，让谓语动词与后面的处所名词直接组合。

表示方向的介词"往"山西地区说成"去"。"向"福建地区说成"给"。

a. 从杭州出发。

b. 对杭州出发。(方)

c. 起杭州出发。(方)

a. 从这儿离开。

b. 走这儿离开。(方)

c. 起这儿离开。(方)

a. 我从太原来。

b. 我朝太原来。(方)

c. 我赶太原来。（方）

d. 我迎太原来。（方）

a. 面包掉在地上了。

b. 面包掉咧地上了。（方）

c. 面包掉擆地上了。（方）

a. 把花放到窗台上吧。

b. 把花放咧窗台上吧。（方）

c. 把花放擆窗台上吧。（方）

a. 你把钱放在桌子上吧！

b. 你把钱放桌子吧！（方）

c. 你把钱稳儿桌子上吧！（方）

a. 在黑板上写字。

b. 搁黑板上写字。（方）

c. 跟黑板上写字。（方）

a. 你往东走，我往西走。

b. 你去东走，我去西走。（方）

a. 向老师借书。

b. 给老师借书。（方）

（十七）动态助词：着、了、过

普通话里表示动态的助词主要有"着、了、过"3个，附着在动词或形容词之后表示动词、形容词的某种语法意义。动态助词"着"用在动词、形容词后面，主要表示动作在进行或状态在持续，有时表示动作进行后的存在状态。"了"主要表示动作行为的完成。四川、湖北等地常把"着"或"了"说成"得有"，把"着"说成"倒""起"等。四川话还可以在动词后面带"起在""倒起"等，表示普通话里"着"的意思。福建方言区有些地方还把"了"说成"掉"。有的方言里把"着"放在宾语之后。

普通话动态助词"过"用在动词、形容词后面，主要表示动作的完成，或者表示曾经发生这样的动作、曾经具有这样的状态。有些方言区（如广东、福建）则常用"有+动"或"有+动+过"的格式来表示。"有"字跟其他动词连用，在普通话里仅限于一些来自文言的客套话，例如："有请、有劳、有待、有赖"。

  a. 我带着钱呢。
  b. 我带得有钱。（方）

  a. 他额头上又没有刻着字。
  b. 他额头上又没有刻得有字。（方）

  a. 他带着火柴呢。
  b. 他带得有火柴呢。（方）

  a. 给你留了包子。
  b. 给你留得有包子。（方）

  a. 他看着看着就睡着（zháo）了。
  b. 他看倒看倒就睡着了。（方）

  a. 我们都等着你呢！
  b. 我们都在等倒你在！（方）

  a. 他要做，你也只好看着。
  b. 他要做，你也只好看起。（方）
  c. 他要做，你也只能看倒。（方）

  a. 师傅把着手教我。
  b. 师傅把倒手教我。（方）

  a. 坐着说不如站着干。
  b. 坐起说不如站起干。（方）

  a. 他还玩着呢。

b. 他还耍起在。（方）

a. 提包在墙上挂着呢。
b. 包包在墙壁上挂起在。（方）

a. 气死了。
b. 气死掉。（方）

a. 妈妈在家等着你呢。
b. 妈妈在家等你着呢。（方）

a. 他吃着饭呢。
b. 他吃饭着呢。（方）
c. 他吃着饭在。（方）

a. 这件事我说过。
b. 这件事我有说。（方）
c. 这件事我有说过。（方）

a. 今天上午他来过。
b. 今天上午他有来。（方）
c. 今天上午他有来过。（方）

a. 他读过书。
b. 他有读书。（方）

a. 我写过一篇关于妈妈的作文。
b. 我有写过一篇关于妈妈的作文。（方）

a. 我来过福州。
b. 我有来过福州。（方）
c. 福州我有来。（方）

a. 老师为此表扬过我。

b. 老师为此有表扬过我。（方）

a. 爸爸早年做过苦力。

b. 爸爸早年有做过苦力。（方）

a. 听说你到过长城。

b. 听说你有到过长城。（方）

（十八）结构助词：的、地

普通话里的结构助词"的""地"，在有些方言里说成"葛""子"。另外，在测试中有的人普通话发音很好，但往往在某些助词上露出方言词来。比如吴方言有一个结构助词"葛"，出现频率很高，它大体相当于普通话的"的"，人们在说普通话时，常常会不自觉地把它变为"的"。例如："很好的。""他会来的。"这似乎没什么问题，因为有时普通话里也这么说，但这种表达相对而言在交际中不够规范。

a. 这是你的字典。

b. 这是你葛字典。（方）

a. 我们慢慢地走。

b. 我们慢慢子走。（方）

a. 慢慢地吃。

b. 慢慢儿吃。

c. 慢慢子吃。（方）

（十九）语气词

普通话里语气词用在句尾，表示种种语气，依据所表示的语气不同分为陈述语气、疑问语气、祈使语气和感叹语气。普通话里表陈述语气的"嘛"，湖北话中经常用"吵、着、子"等；表陈述语气的"呢"，内蒙古等地用"的嘞"。疑问语气词"吧"，内蒙古方言中常用"哇"。有时不需要句末语气词，有的地方却加上语气词"的"。有时应该用语气词"了"，有的地方却用了"的"。

a. 先坐下，你别慌嘛。

b. 先坐下，你别慌吵。（方）

c. 先坐下，你不慌着。（方）

a. 姐姐看书呢。

b. 姐姐看书的嘞。（方）

c. 姐姐看书的哩。（方）

a. 这是上次看的电影吧？

b. 这是上次看的电影哇？（方）

（二十）前缀

在普通话中没有前缀的地方，晋方言区一些地方会加上前缀。

a. 开了一朵红花。

b. 开了一圪朵红花。（方）

a. 他可会哄人呢。

b. 他可会日哄人哩。（方）

a. 那是个能人，要一套有一套。

b. 那是个日能人，要一套有一套。（方）

a. 溅了一地水。

b. 不溅了一地水。（方）

（二十一）动不动、形不形

"动不动"和"形不形"句式，是普通话的一种选择疑问句式，常说成"A 不 A""AB 不 AB"或"A 没 A""AB 没 AB"等形式。山东烟台、威海、荣成、文登、乳山、牟平等县市，说成"是不 A""是不 AB"或"是没 A""是没 AB"的形式。龙口、蓬莱、长岛等地说成"实 A""实 AB"等的格式。湖北和山东有些地区（招远、长岛等）用动词、形容词重叠的形式来表示反复问的意义，构成"AA""AAB"式。

山东潍坊、济宁等地常用简略的形式表示疑问，在动词、形容词后面加上"不"构成"A 不"或"AB 不"的格式，"不"后面的形容词和动词一般不再出现。

还有些地区（菏泽等地）则直接在动词、形容词后加助词"啵"来表示疑问。淄博、青州、临朐、寿光等地通用的格式是"A 啊吧"或者"A 啊不""AB 啊不"。

a. 你看不看电影？

b. 你是不看电影？（方）

a. 天黑没黑？
b. 天是没黑？（方）

a. 菜咸不咸？
b. 菜实咸？（方）
c. 菜阿咸？（方）

a. 电影好看不好看？
b. 电影儿实好看？（方）

a. 你去不去？
b. 你实去？（方）

a. 这菊花香不香？
b. 这菊花香香？（方）

a. 他聪明不聪明？
b. 他聪聪明？（方）

a. 你去不去逛街？
b. 你去去逛街？（方）

a. 你们来过没来过？
b. 你们来来没呐？（方）

a. 他们坐不坐？
b. 他们坐不？（方）

a. 屋里热不热？
b. 屋里热啵？（方）

a. 行不行？

b. 中啊吧？（方）

c. 中啊不？（方）

a. 你有没有钱？

b. 你有钱啊吧？（方）

c. 你有钱啊不？（方）

a. 那东西重不重？

b. 那东西重咧？（方）

c. 那东西重啊不？（方）

d. 那东西重咧不咧？（方）

（二十二）疑问句式：会不会、能不能、有没有

普通话里用来表示疑问的句式"会不会"，在四川等一些方言区中用"（动）得来（动）不来""（动）得来不"（表有没有能力做某事）或"得不得（动）"（表可能）这样的句式。普通话回答是在动词前面加"会""不会"来表示，而四川等方言一般用"（动）得来"或"（动）不来"（表有没有能力做某事），或者用"不得（动）""不得会（动）"（表可能）。但像"合得来、合不来，谈得来、谈不来"等是一些方言和普通话里都有的说法，表达的意思也一样。普通话里表许可或可能的疑问句式"能不能（动）""能（动）不能（动）"，在有些方言里用"（动）得不"来表示，回答一般用"（动）得"表示肯定或许可，用"（动）不得"表示否定或不许可。普通话中"有没有"的意思，有的方言区用"得不得"来表示。

a. 这种舞你会不会跳？

b. 你会跳这种舞吗？

c. 这种舞你跳得来跳不来？（方）

d. 这种舞你跳得来不？（方）

a. 我们不会说谎。

b. 我们说不来谎。（方）

a. 我不喜欢闻烟味儿。

b. 我闻不来烟味儿。（方）

a. 他不吃辣椒。

b. 他吃不来辣椒。（方）

a. ——他会不会不理我？

——不会，他不会。

b. ——他得不得不理我？

——不得，他不得。（方）

a. ——他会不会来？

——他不会来。

b. ——他得不得来？

——他不得来。（方）

a. 他不会强迫我们走。

b. 他不得会强迫我们走。（方）

a. —— 他行不行？

——不行，真的不行。

b. ——他得不得行？

——不得行，真的不得行。（方）

a. ——你能不能走？

——我能走。/我不能走。

b. —— 你走得不？

——我走得。/我走不得。（方）

a. 这东西能不能吃？

b. 这东西能吃不能吃？

c. 这东西吃得不？（方）

（二十三）否定用法：不知道、不认得

普通话里的"不知道""不认得"等表示法，在湖北有的地区说成"找不到"。有些地区把"不认得"说成"认不到"或"不会认得到"。有的地区还把否定词"不"移位到"知道"或"认得"之间，或者说成"晓不得"。

　　a. 这事我真的不知道。
　　b. 这事我真的知不道。（方）
　　c. 这事我真的找不到。（方）

　　a. 这个人我不认得。
　　b. 这个人我认不到。（方）
　　c. 这个人我不会认得到。（方）

　　a. 这件事我不知道。
　　b. 这件事我知不道。（方）
　　c. 这件事我晓不得。（方）

　　a. 这道题怎么答，我不知道。
　　b. 这道题怎么答，我知不道。（方）
　　c. 这道题怎么答，我晓不得。（方）

（二十四）动＋宾＋补、动＋补＋宾

　　补语和宾语都在动词后面，两个成分同时出现时，涉及语序问题。这种顺序有的时候取决于补语，即不同的补语和中心语结合的紧密程度不同。有时候又取决于宾语，即不同的宾语要求有不同的位置。表示结果、程度、可能的补语跟动词关系密切，一般紧接动词谓语后，总是在宾语前面。有些方言把这个补语放在宾语之后（如粤、闽、客家等方言）。湖南方言有些也常在否定句中把宾语放在补语前边。

　　在一些方言里，否定副词和数量补语的语序也常有变化。作为数量补语，在普通话里一般既可放在宾语前，又可置于宾语后，形成"动＋补＋宾"和"动＋宾＋补"两种句式，但两者表示的意义稍有不同，"动＋补＋宾"中更强调宾语。

　　a. 我说（比、打、跑）得过他。
　　b. 我说（比、打、跑）他得过。（方）
　　c. 我说（比、打、跑）得他过。（方）

　　a. 我说（比、打、跑）不过他。
　　b. 我说（比、打、跑）他不过。（方）

c. 我说（比、打、跑）不他过。（方）

（二十五）双宾语

普通话里有些作谓语的动词后面带两个宾语：一个指人，称间接宾语；一个指事物，称直接宾语。间接宾语紧跟在动词之后，离动词最近，也称近宾语。直接宾语一般位于间接宾语之后，也称远宾语。但在有些方言如闽、吴方言里，许多地方常把远宾语放在句首或动词之前。在江苏、安徽、湖南等地区，会在直接宾语和间接宾语前都加上动词。

a. 我给他三斤苹果。

b. 我给三斤苹果他。（方）

c. 我给三斤苹果给他。（方）

d. 我苹果三斤给他。（方）

a. 送我一件衣服。

b. 送一件衣服给我。

c. 送一件衣服我。（方）

d. 衣服一件送我。（方）

e. 衣服送一件给我。（方）

a. 给我一支笔。

b. 给一支笔我。（方）

c. 给一支笔给我。（方）

（二十六）状＋动/形

普通话里，副词与动词、形容词组合时，副词放在被修饰、限制词语前作状语，而有些方言（如广东、广西、江西、浙江一些地方）则把它们放在被修饰、限制词语后作补语。

a. 别客气，你先走（去、洗、说、看、睡、吃）。

b. 别客气，你走（去、洗、说、看、睡、吃）先。（方）

c. 别客气，你走（去、洗、说、看、睡、吃）头先。（方）

d. 别客气，你走（去、洗、说、看、睡、吃）在先。（方）

a. 少喝点酒对身体有好处。

b. 喝少点酒对身体有好处。（方）

a. 上海快到了。

b. 上海到快了。（方）

a. 汽车快来了。

b. 汽车来快了。（方）

a. 他快吃完饭了。

b. 他饭吃好快了。（方）

a. 你再吃一碗。

b. 你吃一碗添。（方）

c. 你吃添一碗。（方）

d. 你再吃一碗添。（方）

a. 他们还没扫干净。

b. 他们扫还没干净。（方）

a. 这朵花儿很红。

b. 这朵花儿红极。（方）

c. 这朵花红得极。（方）

（二十七）状＋动＋补

在普通话里这种句式中的状语多为"多"或"少"，补语一般都是数量补语。在广西等地的一些方言里常常把在动词前的状语"多""少"放在动词后。这样，有的形成了不合普通话规范的句子，有的句子仍然是正确的，但是"多""少"等词在功能上发生了变化，句子的意义也发生了变化。

a. 你少说两句。

b. 你说少两句。（方）

a. 多用一点时间来陪孩子。

b. 用多一点时间来陪孩子。（方）

a. 今天多送你一点礼物。

b. 今天给送多一点礼物。(方)

a. 请你多喝两杯。
b. 请你喝多两杯。(方)

(二十八) 形/动＋补

普通话里"形/动＋补"格式，在湖北、山西等一些方言里有不同的表示法，有的格式上有差别，有的补语用词有不同。

a. 衣服叫他弄脏了。
b. 衣服叫他弄脏了脏。(方)

a. 这本书给他弄丢了。
b. 这本书给他弄丢了丢。(方)

a. 天气热得很。
b. 天热得太太。(方)
c. 天热得来来。(方)

a. 他累得满头大汗。
b. 他累得汗流。(方)
c. 他累得汗滴滴声。(方)

a. 把桌子搬开了。
b. 把桌子搬转了。(方)

(二十九) 够＋形、动＋清楚＋了

普通话中有"够＋形"或"动＋清楚＋了"等格式，表示动作或状态达到一定程度。一些方言则用"有＋形"或"动＋有"的格式来表示这种意思。

a. 菜够咸了。
b. 菜有咸。(方)

a. 我听清楚了。
b. 我听有。(方)

(三十) 补语

普通话里表示可能或不可能的动补结构"动 + 得/不 + 了",其中补语"了(liǎo)"在一些方言里说成"倒"或"脱",有时也说成"起"。普通话里用趋向动词"上""下"充当的补语,在四川方言中常用"起"。有些动补结构在上海、浙江、广西等地区常常用动词的重叠形式,然后加补语。

a. 你们来得了来不了?
b. 你们来得倒来不倒?(方)

a. 我们走不了啦。
b. 我们走不倒啰。(方)

a. 这件事现在还定不了。
b. 这个事情现在还定不倒。(方)

a. 妹妹只吃得了半碗饭。
b. 妹妹只吃得倒半碗饭。(方)

a. 没有准备,我发不了言。
b. 没有准备,我发不起言。(方)

a. 快把你的东西弄走。
b. 快把你的东西弄起走。(方)

a. ——这稿子明天写得完吗?
——这稿子明天写不完。/这稿子明天写得完。
b. ——这稿子明天写得起吗?
——这稿子明天写不起。/这稿子明天写得起。(方)

a. 你躲得了和尚躲不了庙。
b. 你躲得脱和尚躲不脱庙。(方)

a. 你站好。

b. 你站站好。(方)

a. 我一定要讲清楚。

b. 我一定要讲讲清楚。(方)

(三十一) 比较句

普通话里表示比较的句式中有一类是用"比"字构成的，其基本格式为"甲＋比＋乙＋比较语"。广东、广西、海南等地有些方言不用"比"字，常用"过"字，其格式为"甲＋比较语＋过＋乙"。福建有的地区不用"比""过"一类介词，格式为"甲＋动词/形容词＋乙"。山东平度、潍坊、临朐、诸城、日照等地区常用的结构为"甲＋形容词＋起＋乙"，而利津、无棣一带比较句常见的格式为"甲＋比较语＋的＋乙"。

有些方言区，如山东济南、泰安、临沂等地，比较句式与普通话相当，但常用"伴、给、跟"等代替介词"比"，引进比较对象。还有些方言用"赶、跟、评、品、的"等引进比较对象。

普通话里表示比较的句式中还有一类是用动词"不如"构成的，格式为"甲＋不如＋乙＋比较语"。有些方言区，如山东菏泽、青州、临朐等地，把"不如"说成"不跟"。

a. 牛比猪大很多。

b. 牛大过猪很多。(方)

a. 我比他大。

b. 我大过他。(方)

c. 我大起他。(方)

d. 我大他。(方)

a. 骑车比走路快。

b. 骑车快过走路。(方)

a. 兔子跑得比乌龟快。

b. 兔子跑快乌龟。(方)

a. 你比我矮。

b. 你矮我。(方)

c. 你比我过矮。（方）

d. 你比较矮我。（方）

e. 你比我较矮。（方）

a. 一天更比一天好。

b. 一天强起一天。（方）

a. 哥哥长得不比我高。

b. 哥哥长得不高起我。（方）

c. 哥哥长得不高过我。（方）

a. 这本书不比那本好看。

b. 这本书不好看起那本。（方）

c. 这本书不好看过那本。（方）

a. 全班没有比他再聪明的了。

b. 全班儿没聪明起他。（方）

a. 他比我高。

b. 他赶我高。（方）

c. 他跟我高。（方）

d. 他评我高。（方）

e. 他品我高。（方）

a. 这个不比那个更好。

b. 这个不更强的那个。（方）

a. 他跑得不比我快。

b. 他跑得不快的我。（方）

c. 他跑得不快过我。（方）

a. 你穿着它不比我穿着好看。

b. 你穿着它不好看的我穿着。（方）

a. 这件衣服不如那件漂亮。
b. 这件衣服不跟那件漂亮。（方）

a. 我不如他。
b. 我不值他。（方）
c. 我没有他有料。（方）

a. 他不会比你差。
b. 他不得比你差。（方）
c. 差，他就不得来。（方）
d. 他不会差过你。（方）

（三十二）"把"字句

"把+宾语+谓语+补语"这种"把"字句是普通话里一种很常用的句型。它用介词"把"将谓语动词后的受事宾语提到动词之前，表示对一种事物或现象的处置，谓语动词后常带趋向补语或处所补语。但有些方言区（如山东西部）常常把代词宾语放在动词之后或复合趋向动词（如"出来""起来"）之间。

a. 我们把他抓起来。
b. 我们抓他起来。（方）
c. 我们抓起他来。（方）

a. 我把他拉上去。
b. 我拉他上去。
c. 我拉上他去。（方）

（a 与 ab 表示同样的意思时，是方言说法。如果 c 表示"叫上他去/带上他去"的意思，是普通话说法。）

a. 我把他推到地上。
b. 我推他地下。（方）

a. 他把我关在门外了。

b. 他关我门外了。(方)

(三十三) 并列关系复句和关联词语

复句是由两个或两个以上意义相关的分句组成的较复杂的句子。复句里各个分句之间都有一定的关系,这种关系常常通过一定的关联词语来表示。几个分句分别说明或描写几件事情、几种情况或同一事物的几个方面,分句间的关系是并举的或者是对举的,这就是并列关系。普通话常用的关联词有"也""又""还""既……又……""一边……一边……""一方面……一方面……"等。有些方言则不同。

  a. 咱们一边吃饭,一边说话。

  b. 咱赶着吃饭,赶着说话。(方)

  c. 咱们一抹儿吃饭,一抹儿说话。(方)

  a. 一边看电视,一边打毛衣。

  b. 一不嘞看电视,一不嘞打毛衣。(方)

  c. 一不地瞧电视,一不地打毛衣。(方)

(三十四) 取舍关系复句和关联词语

选择关系复句里有一类取舍复句,两个分句表示不同的事物,说话者已经决定选取其中一种,舍弃另一种,常用的关联词有"与其……不如……""宁可……也不……"等。有些方言使用不同的手段表达这种取舍关系。

  a. 宁可我去,也不能叫你去。

  b. 能我去,也不能叫你去。(方)

(三十五) 假设关系复句和关联词语

假设关系复句是指一个分句假设一种情况,另一分句说明假设的情况实现了就会有怎样的结果,常用"如果(假如、要是)……就……"等关联词语来表明这种关系。山东烟台、威海、荣成、牟平、龙口、蓬莱、长岛等地还有一种很独特的说法:"不着……就……"。它表达的含义比较复杂,相当于普通话的"如果不是因为……就……"。

  a. 如果不是因为姐姐扶着我,我就跌倒在那儿了。

  b. 不着姐姐扶着我,我就磕儿那去了。(方)

  a. 如果不是因为你,妈妈就不来了。

  b. 不着你,妈妈就不来了。(方)

a. 如果不是因为你碰它，盘子能打碎吗？
b. 不着你碰它，盘子能打了吗？（方）

第三节　普通话水平测试用普通话常见量词名词搭配

说明：

本材料以量词为条目，共选收常见量词45条。每个量词后面列举若干常见搭配的名词。一个名词可以与多个量词搭配的，在条目中的名词后以括注形式标记。

（1）把 bǎ　菜刀、剪刀、宝剑（口）、铲子、铁锨、尺子、扫帚、椅子、锁、钥匙、伞、茶壶、扇子、提琴、手枪（支）。

（2）本 běn　书（部、套）、著作（部）、字典（部）、杂志（份）、账。

（3）部 bù　书（本、套）、著作（本）、字典（本）、电影（场）、电视剧、手机、摄像机（架、台）、汽车（辆、台）。

（4）场 cháng　雨、雪、冰雹、大风、病、大战、官司。

（5）场 chǎng　电影（部）、演出（台）、话剧（台）、杂技（台）、比赛（节、项）、考试（门、项）。

（6）道 dào　河（条）、瀑布（条）、山脉（条）、闪电、伤痕（条）、门（扇）、墙（面）、命令（条、项）、试题（份、套）、菜（份）。

（7）滴 dī　水、血、油、汗水、眼泪、墨水。

（8）顶 dǐng　轿子、帽子、蚊帐、帐篷。

（9）对 duì　夫妻、舞伴、耳朵（双、只）、眼睛（双、只）、翅膀（双、只）。

（10）朵 duǒ　花、云（片）、蘑菇。

（11）份 fèn　菜（道）、午餐、报纸（张）、杂志（本）、文件、礼物（件）、工作（件、项）、试题（道、套）。

（12）幅 fú　布（块、匹）、被面、彩旗（面）、图画（张）、相片（张）。

（13）副 fù　对联、手套（双、只）、眼镜、球拍（只）、扑克牌（张）、围棋、担架。

（14）个 gè　人（口）、孩子、盘子、瓶子、杯子（只）、梨、桃儿、橘子、苹果、西瓜、土豆、西红柿、鸡蛋、饺子、馒头、玩具、皮球、太阳、月亮、白天、上午、国家、社会、故事、节目（台、套）、镜头。

（15）根 gēn　草（棵）、葱（棵）、藕（节）、甘蔗（节）、胡须、头发、羽毛、冰棍儿、黄瓜（条）、香蕉、油条、针、火柴、蜡烛（支）、香（盘、支）、筷子（双、支）、竹竿、电线、绳子（条）、项链（条）、辫子（条）。

（16）家 jiā 人家、亲戚（门）、工厂（座）、公司、饭店、商店、医院（所）、银行（所）。

（17）架 jià 飞机、钢琴（台）、摄像机（部、台）、鼓（面）。

（18）间 jiān 房子（所、套、座）、屋子、卧室、仓库。

（19）件 jiàn 礼物（份）、行李、家具（套）、大衣、衬衣、毛衣、衣服（套）、西装（套）、工作（份、项）、公文、事。

（20）节 jié 甘蔗（根）、藕（根）、电池（块）、车厢、课（门）、比赛（场、项）。

（21）棵 kē 树、草（根）、葱（根）、白菜。

（22）颗 kē 种子（粒）、珍珠（粒）、宝石（粒）、糖（块）、星星、卫星、牙齿（粒）、心脏、子弹（粒）、炸弹、图钉。

（23）口 kǒu 人（个）、猪（头、只）、大锅、大缸、大钟（座）、井、宝剑（把）。

（24）块 kuài 糖（颗）、橡皮、石头、砖、肥皂、手表（只）、电池（节）、肉（片）、蛋糕、布（幅、匹）、绸缎（匹）、手绢儿（条）、地（片）、饼干（片）、面包（片）、石碑（座）。

（25）粒 lì 米、种子（颗）、珍珠（颗）、宝石（颗）、牙齿（颗）、子弹（颗）、药（片）。

（26）辆 liàng 汽车（部、台）、自行车、摩托车、三轮车、坦克。

（27）门 mén 课（节）、课程、技术（项）、考试（场、项）、亲戚（家）、婚姻、科学、学问、大炮。

（28）面 miàn 墙（道）、镜子、彩旗（幅）、鼓（架）、锣。

（29）名 míng 作家（位）、教师（位）、医生（位）、学生（位）、犯人。

（30）盘 pán 香（根、支）、磁带、录像带、棋。

（31）匹 pī 马、布（块、幅）、绸缎（块）。

（32）片 piàn 树叶、药（粒）、肉（块）、饼干（块）、面包（块）、地（块）、阴凉、阳光、云（朵）。

（33）扇 shàn 门（道）、窗户、屏风。

（34）双 shuāng 手（只）、脚（只）、耳朵（对、只）、眼睛（对、只）、翅膀（对、只）、鞋（只）、袜子（只）、手套（副、只）、筷子（根、支）。

（35）所 suǒ 学校、医院（家）、银行（家）、房子（间、套、座）。

（36）台 tái 计算机、医疗设备（套）、汽车（部、辆）、钢琴（架）、摄像机（部、架）、演出（场）、话剧（场）、杂技（场）、节目（个、套）。

（37）套 tào　衣服（件）、西装（件）、房子（间、所、座）、家具（件）、沙发、餐具、书（本、部）、邮票（张）、医疗设备（台）、节目（个、台）、试题（道、份）。

（38）条 tiáo　绳子（根）、项链（根）、辫子（根）、裤子、毛巾、手绢儿（块）、船（只）、游艇（只）、蛇、鱼、狗（只）、驴（头、只）、黄瓜（根）、河（道）、瀑布（道）、山脉（道）、道路、胡同儿、伤痕（道）、新闻、信息、措施（项）、命令（道、项）、胳膊、腿、牛（只）、驴（条、只）、骆驼（只）、羊（只）、猪（口、只）。

（39）头 tóu　蒜。

（40）位 wèi　客人、朋友、作家（名）、教师（名）、医生（名）、学生（名）。

（41）项 xiàng　措施（条）、制度、工作（份、件）、任务、技术（门）、运动、命令（道、条）、比赛（场、节）、考试（场、门）。

（42）张 zhāng　报纸（份）、图画（幅）、相片（幅）、邮票（套）、扑克牌（副）、光盘脸、嘴、网、弓床、桌子。

（43）只 zhī　鸟、鸡、鸭、猫、老鼠、兔子、狗（条）、猪（口、头）、牛（头）、驴（条、头）、羊（头）、骆驼（头）、老虎、猴子、蚊子、苍蝇、蜻蜓、蝴蝶、手表（块）、杯子（个）、箱子、船（条）、游艇（条）、鞋（双）、袜子（双）、手套（副、双）、袖子、球拍（副）、手（双）、脚（双）、耳朵（对、双）、眼睛（对、双）、翅膀（对、双）。

（44）支 zhī　笔、手枪（把）、蜡烛（根）、筷子（根、双）、香（根、盘）、军队、歌。

（45）座 zuò　山、岛屿、城市、工厂（家）、学校（所）、房子（间、所、套）、桥、石碑（块）、雕塑、大钟（口）。

附录1 容易读错的字

（注：本表只列出多音字在此词条中容易读错的读音，不包含其他读音。）

容易读错的字

【A】

吖 ā　常见药名用字
皑 ái　白雪皑皑
隘 ài　狭隘
谙 ān　谙习　谙熟
挨 āi　挨近　挨个
挨 ái　挨批　挨整

铵 ǎn　碳酸铵
黯 àn　黯然
盎 àng　盎然
凹 āo　凹陷
凹 wā　用于人名、地名

【B】

扒 bā　扒车　扒拉　扒带
扒 pá　扒手　扒窃　扒糕
稗 bài　稗草
傍 bàng　傍黑　傍晚　傍午
褒 bāo　褒贬　褒奖　褒扬
胞 bāo　胞弟　侨胞　同胞
雹 báo　冰雹
臂 bei　胳臂

焙 bèi　焙干　焙粉
蓓 bèi　蓓蕾
畚箕 běnjī
匕 bǐ　匕首　图穷匕首见
鄙 bǐ　鄙薄　鄙陋　卑鄙
秘 bì　秘鲁（其余读 mì）
婢 bì　奴婢
裨 bì　裨益

庇 bì　庇护　庇佑　包庇
痹 bì　风痹　寒痹　麻痹大意
泌 bì　泌阳
濒 bīn　濒临　濒危　濒于
波 bō　波浪　奔波　烟波
砭 biān　针砭
蝙 biān　蝙蝠
蹩 bié　蹩脚
迸 bèng　迸发
逋 bū　逋逃　逋客　逋留

捕 bǔ　捕风捉影　捕获　捕杀
哺 bǔ　哺乳　哺养　哺育
埠 bù　船埠　商埠　外埠
愎 bì　刚愎自用
摈 bìn　摈弃　摈除
屏 bǐng　屏气
钵 bō　衣钵
箔 bó　金箔　铜箔　锡箔
擘 bò　巨擘

【C】

糙 cāo　粗糙　毛糙
嘈 cáo（统读）　嘈杂
刹 chà　刹那　古刹
侪 chái　侪辈
蝉 chán　蝉联
婵 chán　婵娟
谄 chǎn　谄媚　谄笑
潺 chán　潺水
忏 chàn　忏悔
伥 chāng　为虎作伥
裳 cháng　霓裳羽衣
场 cháng　一场雨
场 chǎng　三场比赛
偿 cháng　赔偿　偿还
惝恍 chǎnghuǎng
坼 chè　干坼
掣 chè　电掣
嗔 chēn　嗔怪
瞋 chēn　瞋目
称 chèn　匀称　称心如意
撑 chēng　支撑　撑腰

瞠 chēng　瞠目结舌
乘 chéng　乘车　乘客　乘机
惩 chéng　惩办　惩前毖后
骋 chěng　驰骋　骋怀
笞 chī　鞭笞
嗤 chī　嗤笑　嗤之以鼻
侈 chǐ　奢侈
褫 chǐ　褫夺
豉 chǐ　豆豉
饬 chì　整饬
啻 chì　不啻
炽 chì　炽热　炽烈
憧 chōng　憧憬
忡 chōng　忧心忡忡
种 chóng（姓氏）
惆怅 chóuchàng
瞅 chǒu　瞅见
处 chǔ　处理　处女　处决
搐 chù　抽搐
黜 chù　黜退　罢黜　废黜

踌躇 chóuchú   读 sì

椎 chuí　椎心泣 qì 血 xuè   淙 cóng　流水淙淙

揣 chuāi　揣着书   从 cóng　从容不迫

揣 chuǎi　揣测   丛 cóng　丛刊　丛林

踹 chuài　踹开   簇 cù　簇拥

啜（姓氏）chuǎi   蹴 cù　一蹴而就

辍 chuò　辍学   汆 cuān　汆丸子

啜 chuò　啜泣   攒 cuán　攒射　攒动

绰 chuò　阔绰   崔嵬　cuīwéi

创 chuāng　创伤　重创   忖 cǔn　忖度

疵 cī　吹毛求疵　瑕疵   痤 cuó　痤疮

伺 cì　伺候，在"伺机、窥伺"中   挫 cuò　挫伤　挫折　受挫

【D】

答 dā　答应　答理   缔 dì　缔造

呆 dāi　呆板   谛 dì　真谛

殚 dān　殚精竭虑   滇 diān　滇池

逮 dài　逮捕   掂 diān　掂量

当 dàng　当作　恰当　适当   玷 diàn　玷污

当 dàng　安步当车   笃 dǔ　笃信

档 dàng　档案　档次　存档   盹 dǔn　打盹

蹈 dǎo　重蹈覆辙　循规蹈矩   咄 duō　咄咄怪事

悼 dào　悼词　悼念　哀悼   掇 duō　拾掇

傣 dǎi　傣族   踱 duó　踱步

殆 dài　危殆   订 dìng　装订

得 děi　总得   胴 dòng　胴体

提 dī　提防   读 dòu　句读

堤 dī　堤岸　堤坝　堤防   度 duó　揣度　度德量力

【E】

阿 ē　阿胶　阿弥陀佛　阿谀   讹 é　讹诈

婀娜　ē'nuó   遏 è　遏制

【F】

珐 fà　珐琅

藩 fān　藩篱

梵 fàn　梵文　梵语　梵刹

肪 fáng　脂肪

氛 fēn　氛围　气氛

汾 fén　汾酒

斐 fěi　成绩斐然

菲 fěi　菲薄

沸 fèi　沸点

敷 fū　敷衍　敷粉　敷设

符 fú　符合　相符

拂 fú　拂晓　拂袖　吹拂

辐 fú　辐射　辐条

甫 fǔ　杜甫　惊魂甫定

脯 fǔ　果脯

阜 fù　物阜民丰

腹 fù　腹背受敌　腹泻　心腹

缚 fù　缚住　束缚

讣 fù　讣告　讣闻

复 fù　（统读）复杂

【G】

尬 gà　尴尬

冈 gāng　山冈　景阳冈

睾 gāo　睾丸

赅 gāi　言简意赅

噶 gá　准噶尔

戈 gē　戈壁　十戈

葛 gé　瓜葛　纠葛

葛 gě　诸葛

舸 gě　百舸争流

亘 gèn　横亘

颈 gěng　脖颈

肱 gōng　股肱

觥 gōng　觥筹

佝偻 gōulóu

枸杞 gǒuqǐ

垢 gòu　污垢

诟 gòu　诟骂

勾 gòu　勾当

供 gōng　提供　供暖　供应

呱 gū　呱呱坠地

骨 gǔ 一般读三声，只有"骨碌、骨朵儿"读阴平

梏 gù　桎梏

盥 guàn　盥洗室

犷 guǎng　粗犷

瑰 guī　瑰宝　瑰丽

皈 guī　（不读 bǎn）皈依

刽 guì　刽子手

聒 guō　聒噪

贾 gǔ　余勇可贾

【H】

哈 hǎ　哈达　哈巴狗

薅 hāo　薅草

骸 hái　骸骨

罕 hǎn　罕见　罕闻　罕有

悍 hàn　精悍　悍然

吭 háng　引吭高歌

沆 hàng　沆瀣 xiè 一气

诃 hē　契诃夫

阂 hé　隔阂

涸 hé　干涸

貉 hé　一丘之貉

壑 hè　沟壑

褐 hè　褐色

横 héng　横加阻拦

横 hèng　横祸　蛮横　横财

行 héng　道行

行 háng　行家　行道（轻声）

行 hàng　树行子

行 xíng　行道树

讧 hòng　内讧

哄 hōng　哄堂大笑

哄 hǒng　哄逗　哄骗

哄 hòng　一哄而散

囫囵 húlún　囫囵吞枣（单独囫囵一词时囵读轻声）

怙 hù　怙恶不悛 quān

桦 huà　白桦树

踝 huái　踝骨　足踝

徊 huái　徘徊

豢 huàn　豢养

浣 huàn　浣衣

肓 huāng　病入膏肓

溃 huì　溃脓（区别溃烂 kuì）

喙 huì　毋庸置喙

诲 huì　诲人不倦　教诲

晦 huì　晦暗　晦气　晦涩

馄饨 hún·tun

混 hùn　混凝土　混淆

豁 huō　豁出去

和 huó　和泥　和面

和 huò　搅和　和稀泥

【J】

几 jī　窗明几净

畸 jī　畸变　畸形

稽 jī　稽查　稽留

羁 jī　羁绊　羁留

缉 jī　通缉　侦缉

即 jí　即将　即兴　立即

汲 jí　汲取　汲水

棘 jí　棘手

藉 jí　狼藉

疾 jí　疾病　疾苦　疾驶

棘 jí　棘手　荆棘

嫉 jí　嫉妒　嫉恶　嫉恨

脊 jǐ　脊背　脊椎　书脊

脊 ji　里脊（轻声，本音 jǐ）

给 jǐ　给予（注意与"给以"的区别）

济 jǐ　人才济济

掎 jǐ　掎角之势

绩 jì　成绩　功绩　业绩

迹 jì　古迹　轨迹　奇迹

寂 jì　寂静　寂寞　孤寂

附录1 容易读错的字

夹 jiā　夹克
浃 jiā　汗流浃背
戛 jiá　戛然而止
夹 jiá　夹袄　夹被
胛 jiǎ　肩胛
歼 jiān　歼灭　歼击　围歼
渐 jiān　渐染　东渐入海
缄 jiān　缄默
僭 jiàn　僭越
笺 jiān　信笺　笺注
菅 jiān　草菅人命
睑 jiǎn　眼睑
柬 jiǎn　请柬
间 jiàn　间隔　间歇　间接
监 jiàn　太监　国子监
较 jiào　较量　较真　比较
酵 jiào　酵母　发酵
矫 jiǎo　矫正　矫枉过正
侥 jiǎo　侥幸
缴 jiǎo　缴纳　缴费
窖 jiào　地窖
嗟 jiē　嗟叹
皆 jiē　啼笑皆非
讦 jié　攻讦
孑 jié　孑孓 jué
桔槔 jiégāo
藉 jiè　慰藉　枕藉
解 jiè　解送　押解
解 xiè　浑身解数
津 jīn　津津有味　问津
禁 jīn　不禁
馑 jǐn　饥馑

尽 jǐn　尽管　尽快　尽量
浸 jìn　浸泡　浸透　沉浸
噤 jìn　噤若寒蝉
菁 jīng　菁华
腈 jīng　腈纶
茎 jīng　根茎叶
粳 jīng　粳米
颈 jǐng　颈部
颈 gěng　脖颈
儆 jǐng　以儆效尤
痉 jìng　痉挛
劲 jìng　强劲　劲敌　劲旅
靓 jìng　靓妆
迥 jiǒng　迥然
炯 jiǒng　炯炯　炯然
窘 jiǒng　窘迫
攫 jué　攫取
灸 jiǔ　针灸
厩 jiù　马厩
狙 jū　狙击　狙击手
掬 jū　笑容可掬
咀 jǔ　咀嚼 jué
沮 jǔ　沮丧
矩 jǔ　循规蹈矩　矩形
倨 jù　前倨后恭
绢 juàn　绢花
倔 jué　倔强
隽 juàn　隽永
龟 jūn　龟裂
疚 jiù　负疚　内疚　歉疚
咎 jiù　咎由自取　引咎
咀 jǔ　咀嚼

147

俊 jùn　俊杰　俊美　俊俏

【K】

楷 kāi　楷拭　楷油
楷 kǎi　楷模　楷书
慨 kǎi　慷慨　愤慨
忾 kài　同仇敌忾
勘 kān　勘察
瞰 kàn　鸟瞰
扛 káng　扛枪　扛长工
亢 kàng　亢奋　高亢
犒 kào　犒劳　犒赏
可汗 kèhán
恪 kè　恪守

脍 kuài　脍炙人口
眶 kuàng　眼眶
框 kuàng　框架　条条框框
盔 kuī　盔然
窥 kuī　窥探　窥视
傀 kuǐ　傀儡（lěi）
喟 kuì　喟叹
溃 kuì　溃烂
篑 kuì　功亏一篑
廓 kuò　轮廓
倥偬 kǒngzǒng

【L】

褴 lán　衣衫褴褛
琅 láng　书声琅琅
睐 lài　青睐
唠 láo　唠叨
唠 lào　唠家常
落 lào　落不是
烙 lào　烙印
酪 lào　奶酪
勒 lè　勒索　勒令
勒 lēi　勒紧
羸 léi　羸弱
累 léi　果实累累
蕾 lěi　花蕾　蓓蕾
累 lěi　连篇累牍　连累
肋 lèi　肋骨
擂 lèi　擂台　打擂

敛 liǎn　聚敛　收敛
殓 liàn　殓葬　装殓
寥 liáo　寥落　寥若晨星
劣 liè　劣等　劣迹
趔 liè　趔趄 qiè
量 liáng　量杯　思量
量 liàng　量体裁衣
踉跄 liàngqiàng
蠡 lí　管窥蠡测
丽 lí　浙江丽水
迤逦 lǐ　迤逦
莅 lì　莅临
遴 lín　遴选
凛 lǐn　凛冽 liè
赁 lìn　租赁
淋 lìn　淋病

囹 líng 身陷囹圄

令 líng 令狐（姓）

拎 līn 拎包 拎东西

虏 lǔ 虏获 俘虏

掳 lǔ 掳掠 掳走

闾 lǘ 闾里 闾巷

榈 lǘ 棕榈

掠 lüè 掠夺 掠影

弄 lòng 弄堂

镂 lòu 镂空

赂 lù 贿赂

绿 lù 绿林好汉

【M】

霾 mái 阴霾

埋 mán 埋怨

猫 māo 猫腰

莽 mǎng 莽莽群山 草莽

牤 māng 牤牛

芒 máng 麦芒

虻 méng 牛虻

袂 mèi 分袂 联袂

扪 mén 扪心自问

懑 mèn 愤懑

靡 mǐ 披靡 风靡

弭 mǐ 消弭

谧 mì 静谧 宁谧

泌 mì 分泌

娩 miǎn 分娩

腼腆 miǎntiǎn

藐 miǎo 藐视

泯 mǐn 泯灭

酩 mǐng 酩酊 dǐng 大醉

谬 miù 谬论 谬误

摩 mó 按摩

蓦 mò 蓦然回首

秣 mò 秣马厉兵

沫 mò 口沫 唾沫

抹 mò 抹墙

模 mú 模样（区别模型 mó）

【N】

那 nā 满族的那拉氏

南 nā 南无 mó 阿弥陀佛

捺 nà 按捺

赧 nǎn 羞赧

难 nàn 发难 责难

呶 náo 呶呶不休

挠 náo 阻挠

淖 nào 泥淖

讷 nè 讷讷 木讷

馁 něi 冻馁 气馁 自馁

拟 nǐ 拟订 拟人 比拟

拈 niān 拈花惹草

嫩 nèn 娇嫩

泥 nì 拘泥 泥古

昵 nì 亲昵 昵称

袅娜 niǎonuó

嗫 niè 嗫嚅 rú

宁 nìng 宁可 宁愿

忸怩 niǔní

虐 nüè 虐待

弩 nú　弩马
弩 nǔ　弩弓
酿 niàng　酿酒　酝酿

泞 nìng　泥泞
脓 nóng　脓包　化脓

【O】

讴 ōu　讴歌

呕 ǒu　呕心沥血

【P】

葩 pā　奇葩
迫 pǎi　迫击炮
湃 pài　澎湃
蹒 pán　蹒跚
胖 pán　心广体胖
畔 pàn　河畔
滂沱　pāngtuó
炮 páo　炮制　炮烙
庖 páo　庖厨　庖代
胚 pēi　胚胎
喷 pèn　喷香　喷喷香
注：香喷喷读 pēn，但本音是 pèn，与懒洋洋读 yāng、黑洞洞读 dōng、血淋淋读 līn 等重叠形容词一样属于音变。
澎 péng　澎湃 pài
抨 pēng　抨击
坯 pī　土坯　坯胎
纰 pī　纰漏　纰缪
砒 pī　砒霜
毗 pí　毗邻　毗连
匹 pī　匹夫
僻 pì　偏僻
癖 pǐ　癖好　洁癖
否 pǐ　否极泰来

媲 pì　媲美
睥睨　pìnì
骈 pián　骈文　骈体
便 pián　大腹便便
缥缈　piāomiǎo
殍 piǎo　饿殍遍野
剽 piāo　剽窃　剽悍
骠 piào　骠勇
抨 pēng　抨击
扁 piān　扁舟
翩 piān　翩跹
娉婷　pīngtíng
冯 píng　暴虎冯河
聘 pìn　聘请
泊 pō　湖泊
泊 bó　漂泊
繁 pó　（姓）繁
鄱 pó　鄱阳
粕 pò　糟粕
剖 pōu　解剖
仆 pú　仆从
曝 pù　一曝十寒　曝晒
曝 bào　曝光

【Q】

戚 qī　亲戚
蹊跷 qīqiāo
畦 qí　菜畦
颀 qí　颀长
绮 qǐ　绮丽
稽 qǐ　稽首
讫 qì　付讫　收讫
迄 qì　自古迄今
卡 qiǎ　哨卡
洽 qià　洽谈
悭 qiān　罪愆
悭 qiān　悭吝
潜 qián　潜质　潜伏
掮 qián　掮客
戕 qiāng　戕害
襁 qiǎng　襁褓
强 qiǎng　牵强附会
嵌 qiàn　镶 xiāng 嵌
纤 qiàn　纤绳　拉纤
翘 qiáo　翘首
憔悴　qiáocuì

悄 qiāo　悄然
诮 qiào　讥诮
壳 qiào　地壳　躯壳
怯 qiè　胆怯
惬 qiè　惬意
挈 qiè　挈妇将雏
遒 qiú　遒劲
擎 qíng　引擎
黥 qíng　黥刑
綮 qìng　肯綮
亲 qìng　亲家
茕 qióng　茕茕孑 jié 立
穹 qióng　苍穹
祛 qū　祛除　祛疑
龋 qǔ　龋齿
觑 qù　面面相觑
蜷 quán　蜷伏　蜷缩
榷 què　商榷
悛 quān　怙恶不悛
券 quàn　胜券在握

【R】

冉 rǎn　冉冉升起
绕 rào　围绕
荏 rěn　光阴荏苒 rǎn
稔 rěn　熟稔

妊娠 rènshēn
冗 rǒng　冗长　冗余
蠕 rú　蠕动
偌 ruò　偌大

【S】

霎 shà　霎时
讪 shàn　搭讪　讪笑

赊 shē　赊欠
摄 shè　统摄

慑 shè　威慑
娠 shēn　妊娠
莘 shēn　莘莘学子
哂 shěn　哂笑
蜃 shèn　海市蜃楼
髓 suǐ　精髓
遂 suì　遂心　遂愿
遂 suí　半身不遂
恃 shì　有恃无恐
舐 shì　舐犊情深
噬 shì　吞噬
室 shì　教室　办公室
说 shuì　游说
铄 shuò　众口铄金
枢 shū　中枢　枢纽

漱 shù　漱口
墅 shù　别墅
涮 shuàn　洗涮
狩 shòu　狩猎
吮 shǔn　吮吸
谥 shì　谥号
食 sì　箪食
怂 sǒng　怂恿
悚 sǒng　悚然
薮 sǒu　渊薮
溯 sù　推本溯源
祟 suì　作祟　鬼祟
娑 suō　婆娑
缩 suō　收缩
塑 sù　塑料　塑造

【T】

挞 tà　鞭挞
沓 tà　拖沓
台 tāi　天台山　台州
叨 tāo　叨光
傥 tǎng　风流倜傥
体 tī　体己
剔 tī　剔除　挑剔
悌 tì　孝悌
恬 tián　恬静　恬不知耻
殄 tiǎn　暴殄天物
佻 tiāo　轻佻
调 tiáo　调皮

帖 tiē　妥帖
帖 tiě　请帖
帖 tiè　字帖
恸 tòng　恸哭
荼 tú　荼毒生灵
吐 tù　上吐下泻
湍 tuān　水流湍急
颓 tuí　颓废　颓唐
蜕 tuì　蜕化　蜕变
臀 tún　臀部
唾 tuò　唾手可得　唾弃

【W】

娲 wā　女娲
蜿蜒 wānyán

崴 wǎi　海参崴
委 wēi　虚与委蛇 yí

逶 wēi　山岭逶迤
伪 wěi　伪造
猥亵 wěixiè
紊 wěn　紊乱
倭 wō　倭寇

斡 wò　斡旋
龌龊 wòchuò
芜 wú　芜杂　荒芜
侮 wǔ　侮辱　欺侮

【X】

蜥蜴 xīyì
嬉 xī　嬉皮笑脸
晰 xī　清晰
蹊 xī　独辟蹊径
膝 xī　膝盖
袭 xí　袭击
檄 xí　檄文
葸 xǐ　畏葸不前
黠 xiá　狡黠
瑕瑜 xiáyú
骁 xiāo　骁勇　骁将
鲜 xiān　屡见不鲜
鲜 xiǎn　鲜见　鲜为人知
纤 xiān　纤维
跹 xiān　蹁 pián 跹
嫌 xián　嫌弃
痫 xián　癫痫
涎 xián　垂涎
饷 xiǎng　军饷
相 xiàng　相机行事
淆 xiáo　混淆
肖 xiào　肖像　惟妙惟肖
楔 xiē　楔子

偕 xié　偕同
挟 xié　挟持　要挟　挟制
携 xié　携手
屑 xiè　琐屑
解 xiè　浑身解数
械 xiè　机械
臭 xiù　无色无臭　乳臭
吁 xū　长吁短叹
栩 xǔ　栩栩如生
诩 xǔ　自诩
畜 xù　畜牧　畜养
恤 xù　体恤
煦 xù　煦暖　和煦
酗 xù　酗酒
渲 xuàn　渲染
眩晕 xuànyùn
噱 xué　噱头
谑 xuè　戏谑
勋 xūn　功勋　勋业
驯 xùn　驯服
徇 xùn　徇私
殉 xùn　殉职

【Y】

睚 yá　睚眦 zì 必报

轧 yà　倾轧

揠 yà　揠苗助长　　　　　　衣 yì　衣锦还乡
殷 yān　殷红　　　　　　　氤氲　yīnyūn
湮 yān　湮没　湮灭　　　　垠 yín　广阔无垠
筵 yán　筵席　寿筵　　　　荫 yìn　荫凉
窈窕 yǎotiǎo　　　　　　　应 yīng　应届
偃 yǎn　偃旗息鼓　　　　　莠 yǒu　良莠不齐
魇 yǎn　梦魇　　　　　　　囿 yòu　囿于成见
赝 yàn　赝品　　　　　　　庸 yōng　附 fù 庸
肴 yáo　佳肴　　　　　　　佣 yōng　佣工
杳 yǎo　杳无音信　　　　　佣 yòng　佣金
钥 yào　钥匙　　　　　　　迂 yū　迂回　迂腐
噎 yē　因噎废食　　　　　　逾 yú　年逾古稀
揶 yé　揶揄 yú　　　　　　腴 yú　丰腴
曳 yè　摇曳　　　　　　　瘐 yǔ　瘐毙
靥 yè　笑靥　　　　　　　伛 yǔ　伛偻 lǚ
旖 yǐ　旖旎 nǐ　　　　　　与 yǔ　与虎谋皮　与人为善
迤 yǐ　迤逦 lǐ　　　　　　与 yù　参与　与会
诣 yì　造诣　　　　　　　熨 yù　熨帖
翌 yì　翌日　　　　　　　蜮 yù　鬼蜮
肄 yì　肄业　　　　　　　鹬 yù　鹬蚌相争
弈 yì　对弈　　　　　　　垣 yuán　断壁残垣
熠 yì　熠熠　　　　　　　钥 yuè　锁钥
轶 yì　轶事　　　　　　　晕 yùn　月晕　晕车
谊 yì　友谊　　　　　　　晕 yūn　头晕　晕厥　晕倒

【Z】

扎 zā　包扎　扎小辫　　　　谮 zèn　谮言
扎 zhā　驻扎　　　　　　　沼 zhǎo　沼气
暂 zàn　暂时　　　　　　　粘 zhān　粘连
藏 zàng　宝藏　　　　　　　憎 zēng　憎恨　憎恶
载 zǎi　千载难逢　转载　　　锃 zèng　锃亮
载 zài　拒载　载人　载重　　凿 záo　穿凿　确凿

附录1　容易读错的字

札 zhá　札记
择 zhái　择菜
占 zhān　占卜
召 zhào　召开　号召
绽 zhàn　绽开　破绽
颤 zhàn　颤栗
颤 chàn　颤动　发颤
蛰 zhé　惊蛰　蛰伏
辙 zhé　南辕北辙
箴 zhēn　箴言
帧 zhēn　装帧
鸩 zhèn　饮鸩止渴
缜 zhěn　缜密
症 zhēng　症结
拯 zhěng　拯救
诤 zhèng　诤友
栉 zhì　鳞次栉比
帙 zhì　卷帙浩繁
峙 zhì　对峙
诌 zhōu　胡诌
轴 zhòu　大轴子　压轴戏
中 zhòng　中肯
啭 zhuàn　莺啼鸟啭
卓 zhuō　远见卓识

拙 zhuō　拙劣　笨拙
涿 zhuō　涿州
灼 zhuó　真知灼见
琢磨 zhuómó
琢磨 zuómo
诸 zhū　诸位
术 zhú　白术
杼 zhù　机杼
伫 zhù　伫立
赘 zhuì　累 léi 赘
缀 zhuì　连缀
谆 zhūn　谆谆告诫
着 zhuó　着想　着重
擢 zhuó　擢发难数
濯 zhuó　童山濯濯
卓 zhuó　卓见　卓识　卓著
滓 zǐ　渣滓
渍 zì　浸 jìn 渍
作坊 zuōfang
怍 zuò　惭 cán 怍
踯躅 zhízhú
抵掌 zhǐzhǎng
质 zhì　质量
纂 zuǎn　编纂

155

附录2　普通话水平测试用必读轻声词语表

普通话水平测试用必读轻声词语表

说明：

本表根据《普通话水平测试用普通话词语表》编制。

本表供普通话水平测试第二项——读多音节词语（100个音节）测试使用。

本表共收词594条（其中"子"尾词217条），按汉语拼音字母顺序排列。

本表遵照《汉语拼音正词法基本规则》（GB/T 16159—2012）的标调规则，必读轻声音节不标调号。

1	爱人	àiren		13	膀子	bǎngzi
2	案子	ànzi		14	棒槌	bàngchui
3	巴结	bājie		15	棒子	bàngzi
4	巴掌	bāzhang		16	包袱	bāofu
5	把子	bǎzi		17	包子	bāozi
6	把子	bàzi		18	刨子	bàozi
7	爸爸	bàba		19	豹子	bàozi
8	白净	báijing		20	杯子	bēizi
9	班子	bānzi		21	被子	bèizi
10	板子	bǎnzi		22	本事	běnshi
11	帮手	bāngshou		23	本子	běnzi
12	梆子	bāngzi		24	鼻子	bízi

25	比方	bǐfang		57	窗子	chuāngzi
26	鞭子	biānzi		58	锤子	chuízi
27	扁担	biǎndan		59	伺候	cìhou
28	辫子	biànzi		60	刺猬	cìwei
29	别扭	bièniu		61	凑合	còuhe
30	饼子	bǐngzi		62	村子	cūnzi
31	脖子	bózi		63	耷拉	dāla
32	薄荷	bòhe		64	答应	dāying
33	簸箕	bòji		65	打扮	dǎban
34	补丁	bǔding		66	打点	dǎdian
35	不由得	bùyóude		67	打发	dǎfa
36	步子	bùzi		68	打量	dǎliang
37	部分	bùfen		69	打算	dǎsuan
38	财主	cáizhu		70	打听	dǎting
39	裁缝	cáifeng		71	打招呼	dǎzhāohu
40	苍蝇	cāngying		72	大方	dàfang
41	差事	chāishi		73	大爷	dàye
42	柴火	cháihuo		74	大意	dàyi
43	肠子	chángzi		75	大夫	dàifu
44	厂子	chǎngzi		76	带子	dàizi
45	场子	chǎngzi		77	袋子	dàizi
46	车子	chēzi		78	单子	dānzi
47	称呼	chēnghu		79	耽搁	dānge
48	池子	chízi		80	耽误	dānwu
49	尺子	chǐzi		81	胆子	dǎnzi
50	虫子	chóngzi		82	担子	dànzi
51	绸子	chóuzi		83	刀子	dāozi
52	出息	chūxi		84	道士	dàoshi
53	除了	chúle		85	稻子	dàozi
54	锄头	chútou		86	灯笼	dēnglong
55	畜生	chùsheng		87	凳子	dèngzi
56	窗户	chuānghu		88	提防	dīfang

89	滴水	dīshui		121	耳朵	ěrduo
90	笛子	dízi		122	贩子	fànzi
91	嘀咕	dígu		123	房子	fángzi
92	底子	dǐzi		124	废物	fèiwu
93	地道	dìdao		125	份子	fènzi
94	地方	dìfang		126	风筝	fēngzheng
95	弟弟	dìdi		127	疯子	fēngzi
96	弟兄	dìxiong		128	福气	fúqi
97	点心	diǎnxin		129	斧子	fǔzi
98	点子	diǎnzi		130	富余	fùyu
99	调子	diàozi		131	盖子	gàizi
100	碟子	diézi		132	甘蔗	gānzhe
101	钉子	dīngzi		133	杆子	gānzi
102	东家	dōngjia		134	杆子	gǎnzi
103	东西	dōngxi		135	干事	gànshi
104	动静	dòngjing		136	杠子	gàngzi
105	动弹	dòngtan		137	高粱	gāoliang
106	豆腐	dòufu		138	膏药	gāoyao
107	豆子	dòuzi		139	稿子	gǎozi
108	嘟囔	dūnang		140	告诉	gàosu
109	肚子	dǔzi		141	疙瘩	gēda
110	肚子	dùzi		142	哥哥	gēge
111	端详	duānxiang		143	胳膊	gēbo
112	缎子	duànzi		144	鸽子	gēzi
113	队伍	duiwu		145	格子	gézi
114	对付	duìfu		146	个子	gèzi
115	对头	duìtou		147	根子	gēnzi
116	对子	duìzi		148	跟头	gēntou
117	多么	duōme		149	工夫	gōngfu
118	哆嗦	duōsuo		150	弓子	gōngzi
119	蛾子	ézi		151	公公	gōnggong
120	儿子	érzi		152	功夫	gōngfu

153	钩子	gōuzi		185	红火	hónghuo
154	姑姑	gūgu		186	猴子	hóuzi
155	姑娘	gūniang		187	后头	hòutou
156	谷子	gǔzi		188	厚道	hòudao
157	骨头	gǔtou		189	狐狸	húli
158	故事	gùshi		190	胡萝卜	húluóbo
159	寡妇	guǎfu		191	胡琴	húqin
160	褂子	guàzi		192	胡子	húzi
161	怪不得	guàibude		193	葫芦	húlu
162	怪物	guàiwu		194	糊涂	hútu
163	关系	guānxi		195	护士	hùshi
164	官司	guānsi		196	皇上	huángshang
165	棺材	guāncai		197	幌子	huǎngzi
166	罐头	guàntou		198	活泼	huópo
167	罐子	guànzi		199	火候	huǒhou
168	规矩	guīju		200	伙计	huǒji
169	闺女	guīnü		201	机灵	jīling
170	鬼子	guǐzi		202	记号	jìhao
171	柜子	guìzi		203	记性	jìxing
172	棍子	gùnzi		204	夹了	jiāzi
173	果子	guǒzi		205	家伙	jiāhuo
174	哈欠	hāqian		206	架势	jiàshi
175	蛤蟆	háma		207	架子	jiàzi
176	孩子	háizi		208	嫁妆	jiàzhuang
177	含糊	hánhu		209	尖子	jiānzi
178	汉子	hànzi		210	茧子	jiǎnzi
179	行当	hángdang		211	剪子	jiǎnzi
180	合同	hétong		212	见识	jiànshi
181	和尚	héshang		213	毽子	jiànzi
182	核桃	hétao		214	将就	jiāngjiu
183	盒子	hézi		215	交情	jiāoqing
184	恨不得	hènbude		216	饺子	jiǎozi

217	叫唤	jiàohuan		249	来得及	láidejí
218	轿子	jiàozi		250	篮子	lánzi
219	结实	jiēshi		251	懒得	lǎnde
220	街坊	jiēfang		252	榔头	lángtou
221	姐夫	jiěfu		253	浪头	làngtou
222	姐姐	jiějie		254	唠叨	láodao
223	戒指	jièzhi		255	老婆	lǎopo
224	芥末	jièmo		256	老实	lǎoshi
225	金子	jīnzi		257	老太太	lǎotàitai
226	精神	jīngshen		258	老头子	lǎotóuzi
227	镜子	jìngzi		259	老爷	lǎoye
228	舅舅	jiùjiu		260	老爷子	lǎoyézi
229	橘子	júzi		261	老子	lǎozi
230	句子	jùzi		262	姥姥	lǎolao
231	卷子	juànzi		263	累赘	léizhui
232	开通	kāitong		264	篱笆	líba
233	靠得住	kàodezhù		265	里头	lǐtou
234	咳嗽	késou		266	力气	lìqi
235	客气	kèqi		267	厉害	lìhai
236	空子	kòngzi		268	利落	lìluo
237	口袋	kǒudai		269	利索	lìsuo
238	口子	kǒuzi		270	例子	lìzi
239	扣子	kòuzi		271	栗子	lìzi
240	窟窿	kūlong		272	痢疾	lìji
241	裤子	kùzi		273	连累	liánlei
242	快活	kuàihuo		274	帘子	liánzi
243	筷子	kuàizi		275	凉快	liángkuai
244	框子	kuàngzi		276	粮食	liángshi
245	阔气	kuòqi		277	两口子	liǎngkǒuzi
246	拉扯	lāche		278	料子	liàozi
247	喇叭	lǎba		279	林子	línzi
248	喇嘛	lǎma		280	铃铛	língdang

附录2 普通话水平测试用必读轻声词语表

281	翎子	língzi	313	苗头	miáotou
282	领子	lǐngzi	314	苗子	miáozi
283	溜达	liūda	315	名堂	míngtang
284	聋子	lóngzi	316	名字	míngzi
285	笼子	lóngzi	317	明白	míngbai
286	炉子	lúzi	318	模糊	móhu
287	路子	lùzi	319	蘑菇	mógu
288	轮子	lúnzi	320	木匠	mùjiang
289	啰唆	luōsuo	321	木头	mùtou
290	萝卜	luóbo	322	那么	nàme
291	骡子	luózi	323	奶奶	nǎinai
292	骆驼	luòtuo	324	难为	nánwei
293	妈妈	māma	325	脑袋	nǎodai
294	麻烦	máfan	326	脑子	nǎozi
295	麻利	máli	327	能耐	néngnai
296	麻子	mázi	328	你们	nǐmen
297	马虎	mǎhu	329	念叨	niàndao
298	码头	mǎtou	330	念头	niàntou
299	买卖	mǎimai	331	娘家	niángjia
300	麦子	màizi	332	镊子	nièzi
301	馒头	mántou	333	奴才	núcai
302	忙活	mánghuo	334	女婿	nǚxu
303	冒失	màoshi	335	暖和	nuǎnhuo
304	帽子	màozi	336	疟疾	nüèji
305	眉毛	méimao	337	拍子	pāizi
306	媒人	méiren	338	牌楼	páilou
307	妹妹	mèimei	339	牌子	páizi
308	门道	méndao	340	盘算	pánsuan
309	眯缝	mīfeng	341	盘子	pánzi
310	迷糊	míhu	342	胖子	pàngzi
311	面子	miànzi	343	狍子	páozi
312	苗条	miáotiao	344	袍子	páozi

345	盆子	pénzi		377	认识	rènshi
346	朋友	péngyou		378	日子	rìzi
347	棚子	péngzi		379	褥子	rùzi
348	皮子	pízi		380	塞子	sāizi
349	脾气	píqi		381	嗓子	sǎngzi
350	痞子	pǐzi		382	嫂子	sǎozi
351	屁股	pìgu		383	扫帚	sàozhou
352	片子	piānzi		384	沙子	shāzi
353	便宜	piányi		385	傻子	shǎzi
354	骗子	piànzi		386	扇子	shànzi
355	票子	piàozi		387	商量	shāngliang
356	漂亮	piàoliang		388	晌午	shǎngwu
357	瓶子	píngzi		389	上司	shàngsi
358	婆家	pójia		390	上头	shàngtou
359	婆婆	pópo		391	烧饼	shāobing
360	铺盖	pūgai		392	勺子	sháozi
361	欺负	qīfu		393	少爷	shàoye
362	旗子	qízi		394	哨子	shàozi
363	前头	qiántou		395	舌头	shétou
364	钳子	qiánzi		396	舍不得	shěbude
365	茄子	qiézi		397	舍得	shěde
366	亲戚	qīnqi		398	身子	shēnzi
367	勤快	qínkuai		399	什么	shénme
368	清楚	qīngchu		400	婶子	shěnzi
369	亲家	qìngjia		401	生意	shēngyi
370	曲子	qǔzi		402	牲口	shēngkou
371	圈子	quānzi		403	绳子	shéngzi
372	拳头	quántou		404	师父	shīfu
373	裙子	qúnzi		405	师傅	shīfu
374	热闹	rènao		406	虱子	shīzi
375	人家	rénjia		407	狮子	shīzi
376	人们	rénmen		408	石匠	shíjiang

附录2 普通话水平测试用必读轻声词语表

409	石榴	shíliu		441	摊子	tānzi
410	石头	shítou		442	坛子	tánzi
411	时辰	shíchen		443	毯子	tǎnzi
412	时候	shíhou		444	桃子	táozi
413	实在	shízai		445	特务	tèwu
414	拾掇	shíduo		446	梯子	tīzi
415	使唤	shǐhuan		447	蹄子	tízi
416	世故	shìgu		448	甜头	tiántou
417	似的	shìde		449	挑剔	tiāoti
418	事情	shìqing		450	挑子	tiāozi
419	试探	shìtan		451	条子	tiáozi
420	柿子	shìzi		452	跳蚤	tiàozao
421	收成	shōucheng		453	铁匠	tiějiang
422	收拾	shōushi		454	亭子	tíngzi
423	首饰	shǒushi		455	头发	tóufa
424	叔叔	shūshu		456	头子	tóuzi
425	梳子	shūzi		457	兔子	tùzi
426	舒服	shūfu		458	妥当	tuǒdang
427	舒坦	shūtan		459	唾沫	tuòmo
428	疏忽	shūhu		460	挖苦	wāku
429	爽快	shuǎngkuai		461	娃娃	wáwa
430	思量	sīliang		462	袜子	wàzi
431	俗气	súqi		463	外甥	wàisheng
432	算计	suànji		464	外头	wàitou
433	岁数	suìshu		465	晚上	wǎnshang
434	孙子	sūnzi		466	尾巴	wěiba
435	他们	tāmen		467	委屈	wěiqu
436	它们	tāmen		468	为了	wèile
437	她们	tāmen		469	位置	wèizhi
438	踏实	tāshi		470	位子	wèizi
439	台子	táizi		471	温和	wēnhuo
440	太太	tàitai		472	蚊子	wénzi

473	稳当	wěndang		505	休息	xiūxi
474	窝囊	wōnang		506	秀才	xiùcai
475	我们	wǒmen		507	秀气	xiùqi
476	屋子	wūzi		508	袖子	xiùzi
477	稀罕	xīhan		509	靴子	xuēzi
478	席子	xízi		510	学生	xuésheng
479	媳妇	xífu		511	学问	xuéwen
480	喜欢	xǐhuan		512	丫头	yātou
481	瞎子	xiāzi		513	鸭子	yāzi
482	匣子	xiázi		514	衙门	yámen
483	下巴	xiàba		515	哑巴	yǎba
484	吓唬	xiàhu		516	胭脂	yānzhi
485	先生	xiānsheng		517	烟筒	yāntong
486	乡下	xiāngxia		518	眼睛	yǎnjing
487	箱子	xiāngzi		519	燕子	yànzi
488	相声	xiàngsheng		520	秧歌	yāngge
489	消息	xiāoxi		521	养活	yǎnghuo
490	小伙子	xiǎohuǒzi		522	样子	yàngzi
491	小气	xiǎoqi		523	吆喝	yāohe
492	小子	xiǎozi		524	妖精	yāojing
493	笑话	xiàohua		525	钥匙	yàoshi
494	歇息	xiēxi		526	椰子	yēzi
495	蝎子	xiēzi		527	爷爷	yéye
496	鞋子	xiézi		528	叶子	yèzi
497	谢谢	xièxie		529	一辈子	yíbèizi
498	心思	xīnsi		530	一揽子	yìlǎnzi
499	星星	xīngxing		531	衣服	yīfu
500	猩猩	xīngxing		532	衣裳	yīshang
501	行李	xíngli		533	椅子	yǐzi
502	行头	xíngtou		534	意思	yìsi
503	性子	xìngzi		535	银子	yínzi
504	兄弟	xiōngdi		536	影子	yǐngzi

537	应酬	yìngchou		566	这么	zhème
538	柚子	yòuzi		567	枕头	zhěntou
539	芋头	yùtou		568	芝麻	zhīma
540	冤家	yuānjia		569	知识	zhīshi
541	冤枉	yuānwang		570	侄子	zhízi
542	园子	yuánzi		571	指甲	zhījia（zhíjia）
543	院子	yuànzi		572	指头	zhītou（zhítou）
544	月饼	yuèbing		573	种子	zhǒngzi
545	月亮	yuèliang		574	珠子	zhūzi
546	云彩	yúncai		575	竹子	zhúzi
547	运气	yùnqi		576	主意	zhǔyi（zhúyi）
548	在乎	zàihu		577	主子	zhǔzi
549	咱们	zánmen		578	柱子	zhùzi
550	早上	zǎoshang		579	爪子	zhuǎzi
551	怎么	zěnme		580	转悠	zhuànyou
552	扎实	zhāshi		581	庄稼	zhuāngjia
553	眨巴	zhǎba		582	庄子	zhuāngzi
554	栅栏	zhàlan		583	壮实	zhuàngshi
555	宅子	zháizi		584	状元	zhuàngyuan
556	寨子	zhàizi		585	锥了	zhuīzi
557	张罗	zhāngluo		586	桌子	zhuōzi
558	丈夫	zhàngfu		587	自在	zìzai
559	丈人	zhàngren		588	字号	zìhao
560	帐篷	zhàngpeng		589	粽子	zòngzi
561	帐子	zhàngzi		590	祖宗	zǔzong
562	招呼	zhāohu		591	嘴巴	zuǐba
563	招牌	zhāopai		592	作坊	zuōfang
564	折腾	zhēteng		593	琢磨	zuómo
565	这个	zhège		594	做作	zuòzuo

附录3　普通话水平测试用儿化词语表

普通话水平测试用儿化词语表

说明：

本表参照《普通话水平测试用普通话词语表》及《现代汉语词典》（第7版）编制。加 * 的是以上二者未收，根据测试需要而酌增的条目。

本表仅供普通话水平测试第2项——读多音节词语（100个音节）测试使用。本表儿化音节，在书面上一律加"儿"，但并不表明所列词语在任何语用场合都必须儿化。

本表共收词200条，列出原形韵母和所对应的儿化韵，用符号＞表示由哪个原形韵母变为儿化韵。描写儿化韵中的"："表示"："之前的是主要元音（韵腹），不是介音（韵头）。

本表的汉语拼音注音，只在基本形式后面加 r，如"一会儿 yīhuìr"，不标语音上的实际变化。

一

a＞ar　　板擦儿 bǎncār　　　　打杂儿 dǎzár
　　　　　刀把儿 dāobàr　　　　号码儿 hàomǎr
　　　　　没法儿 méifǎr　　　　戏法儿 xìfǎr
　　　　　找碴儿 zhǎochár

ai＞ar　　壶盖儿* húgàir　　　加塞儿 jiāsāir

附录3 普通话水平测试用儿化词语表

	名牌儿 míngpáir	小孩儿 xiǎoháir
	鞋带儿* xiédàir	
an＞ar	包干儿 bāogānr	笔杆儿 bǐgǎnr
	快板儿 kuàibǎnr	老伴儿 lǎobànr
	脸蛋儿 liǎndànr	脸盘儿 liǎnpánr
	门槛儿 ménkǎnr	收摊儿 shōutānr
	蒜瓣儿 suànbànr	栅栏儿 zhàlanr

二

ang＞ar（鼻化）	赶趟儿 gǎntàngr	瓜瓤儿* guārángr
	香肠儿 xiāngchángr	药方儿 yàofāngr

三

ia＞iar	掉价儿 diàojiàr	豆芽儿 dòuyár
	一下儿 yīxiàr	
ian＞iar	半点儿 bàndiǎnr	差点儿 chàdiǎnr
	坎肩儿 kǎnjiānr	拉链儿 lāliànr
	聊天儿 liáotiānr	露馅儿 lòuxiànr
	冒尖儿 màojiānr	扇面儿 shànmiànr
	馅儿饼 xiànrbǐng	小辫儿 xiǎobiànr
	心眼儿 xīnyǎnr	牙签儿 yáqiānr
	一点儿 yidiǎnr	有点儿 yǒudiǎnr
	雨点儿 yǔdiǎnr	照片儿 zhàopiānr

四

iang＞iar（鼻化）	鼻梁儿 bíliángr	花样儿 huāyàngr
	透亮儿 tòuliàngr	

五

ua＞uar	大褂儿 dàguàr	麻花儿 máhuār

		马褂儿 mǎguàr		脑瓜儿 nǎoguār
		小褂儿 xiǎoguàr		笑话儿 xiàohuar
		牙刷儿 yáshuār		
uai＞uar		一块儿 yīkuàir		
uan＞uar		茶馆儿 cháguǎnr		打转儿 dǎzhuànr
		大腕儿 dàwànr		饭馆儿 fànguǎnr
		拐弯儿 guǎiwānr		好玩儿 hǎowánr
		火罐儿 huǒguànr		落款儿 luòkuǎnr

六

ung＞uar（鼻化）	打晃儿 dǎhuàngr	蛋黄儿 dànhuángr
	天窗儿 tiānchuāngr	

七

üan＞üar	包圆儿 bāoyuánr	出圈儿 chūquānr
	绕远儿 ràoyuǎnr	人缘儿 rényuánr
	手绢儿 shǒujuànr	烟卷儿 yānjuǎnr
	杂院儿 záyuànr	

八

ei＞er	刀背儿 dāobèir	摸黑儿 mōhēir
en＞er	把门儿 bǎménr	别针儿 biézhēnr
	大婶儿 dàshěnr	刀刃儿 dāorènr
	高跟儿鞋* gāogēnrxié	哥们儿 gēmenr
	后跟儿 hòugēnr	花盆儿* huāpénr
	老本儿 lǎoběnr	面人儿 miànrénr
	纳闷儿 nàmènr	嗓门儿 sǎngménr
	小人儿书 xiǎorénrshū	杏仁儿 xìngrénr
	压根儿 yàgēnr	一阵儿 yīzhènr
	走神儿 zǒushénr	

九

eng＞er（鼻化）	脖颈儿 bógěngr	钢镚儿 gāngbèngr
	夹缝儿 jiāfèngr	提成儿 tíchéngr

十

ie＞ier	半截儿 bànjiér	小鞋儿 xiǎoxiér
üe＞üer	旦角儿 dànjuér	主角儿 zhǔjuér

十一

uei＞uer	耳垂儿 ěrchuír	墨水儿 mòshuǐr
	跑腿儿 pǎotuǐr	围嘴儿 wéizuǐr
	一会儿 yīhuìr	走味儿 zǒuwèir
uen＞uer	冰棍儿 bīnggùnr	打盹儿 dǎdǔnr
	光棍儿 guānggùnr	开春儿 kāichūnr
	没准儿 méizhǔnr	胖墩儿 pàngdūnr
	砂轮儿 shālúnr	
ueng＞uer（鼻化）	小瓮儿* xiǎowèngr	

十二

-i（前）＞er	瓜子儿 guāzǐr	没词儿 méicír
	石子儿 shízǐr	挑刺儿 tiāocìr
-i（后）＞er	记事儿 jìshìr	锯齿儿 jùchǐr
	墨汁儿 mòzhīr	

十三

i＞i：er	垫底儿 diàndīr	肚脐儿 dùqír
	玩意儿 wányìr	针鼻儿 zhēnbír
in＞i：er	脚印儿 jiǎoyìnr	送信儿 sòngxìnr
	有劲儿 yǒujìnr	

十四

ing＞i：er（鼻化）	打鸣儿 dǎmíngr	蛋清儿 dànqīngr
	花瓶儿 huāpíngr	火星儿 huǒxīngr
	门铃儿 ménlíngr	人影儿 rényǐngr
	图钉儿 túdīngr	眼镜儿 yǎnjìngr

十五

ü＞ü：er	毛驴儿 máolǘr	痰盂儿 tányúr
	小曲儿 xiǎoqǔr	
ün＞ü：er	合群儿 héqúnr	

十六

e＞er	挨个儿 āigèr	唱歌儿* chànggēr
	打嗝儿 dǎgér	单个儿 dāngèr
	逗乐儿 dòulèr	饭盒儿 fànhér
	模特儿 mótèr	

十七

u＞ur	泪珠儿 lèizhūr	梨核儿* líhúr
	没谱儿 méipǔr	碎步儿 suìbùr
	媳妇儿 xífur	有数儿 yǒushùr

十八

ong＞or（鼻化）	抽空儿 chōukòngr	果冻儿 guǒdòngr
	胡同儿 hútòngr	酒盅儿 jiǔzhōngr
	门洞儿 méndòngr	小葱儿 xiǎocōngr
iong＞ior（鼻化）	小熊儿* xiǎoxióngr	

十九

| ao＞aor | 半道儿 bàndàor | 灯泡儿 dēngpàor |

		红包儿 hóngbāor	叫好儿 jiàohǎor
		绝着儿 juézhāor	口哨儿 kǒushàor
		口罩儿 kǒuzhàor	蜜枣儿 mìzǎor
		手套儿 shǒutàor	跳高儿 tiàogāor

二十

iao＞iaor	豆角儿 dòujiǎor	火苗儿 huǒmiáor
	开窍儿 kāiqiàor	面条儿 miàntiáor
	跑调儿 pǎodiàor	鱼漂儿 yúpiāor

二十一

ou＞our	个头儿 gètóur	老头儿 lǎotóur
	门口儿 ménkǒur	年头儿 niántóur
	纽扣儿 niǔkòur	线轴儿 xiànzhóur
	小丑儿 xiǎochǒur	小偷儿 xiǎotōur
	衣兜儿 yīdōur	

二十二

iou＞iour	顶牛儿 dǐngniúr	加油儿 jiāyóur
	棉球儿* miánqiúr	抓阄儿 zhuājiūr

二十三

uo＞uor	被窝儿 bèiwōr	出活儿 chūhuór
	大伙儿 dàhuǒr	火锅儿 huǒguōr
	绝活儿 juéhuór	小说儿 xiǎoshuōr
	邮戳儿 yóuchuōr	做活儿 zuòhuór
（o）＞or	耳膜儿* ěrmór	粉末儿 fěnmòr

附录4 普通话水平测试模拟试题

2024年普通话水平测试模拟试题（一）

（一）读单音节字词（100个音节，共10分，限时3.5分钟）

额 贵 装 自 惹 掐 枕 秦 供 石
挎 街 尝 啊 密 操 痣 习 并 委
润 翻 二 灾 涌 餐 杨 六 朝 叶
猜 熔 斩 日 翁 乳 申 否 刺 撒
腻 犬 瓶 丢 框 铝 嘭 色 俩 那
胸 池 关 近 乘 莫 嘣 圈 挑 嘿
舔 跃 零 荫 桨 涮 旬 晃 屯 得
聊 亏 段 渠 刁 踹 砣 曾 闷 咳
握 拨 面 幅 俊 欧 索 画 撇 拗
口 舜 防 不 品 虐 司 胜 降 扎

（二）读多音节词语（100个音节，共20分，限时2.5分钟）

接洽　胳膊　帛画　袖标　衰退　簸箕　职责　搏斗　恍惚　墨水儿
贮藏　叫嚷　窘迫　喷嚏　随时　陈醋　发慌　怀疑　扎实　抓阄儿
雄伟　蠢笨　自重　瓷器　名誉　刻薄　傍晚　镶嵌　残喘　照片儿
帮忙　仍然　灌溉　失策　别扭　内债　萌芽　软骨　火柴　玩儿命
抽屉　便宜　肆虐　酌量　接洽　掠夺　牙刷　配合　牢靠　瓜瓢儿

（三）选择判断（共10分，限时3分钟）

1. 词语判断：请判断并读出下列各组中的普通话词语

（1）老鸦　老哇子　劳鸦　乌鸦

（2）雾　雾露

（3）下午　下半日　下昼

（4）鲜红　血血红　旋红

（5）香味　香味道　芳味

（6）心底　心里向　腹里

（7）新官人　新郎公　新郎

（8）一总　共总　一共

（9）店头　商店　铺头　店欸

（10）老早子　往摆　以往

2. 量词、名词搭配：请搭配并读出下列符合普通话规范的数量名短语（例如：一条鱼）

　　伞　鞋子　尺子　餐具　沙发　手套　工作　书　杂志　技术
　　　　把　本　双　套　项　节

3. 语序或表达形式判断：请判断并读出下列各组中的普通话语句

（1）A. 这本书有一百五十六页。

B. 这本书有百五六页。

C. 这本书有一白五六页。

（2）A. 把笔把给他。

B. 把笔给他。

C. 把笔把他。

（3）A. 这车子会坐得六个人。

B. 这车子坐得六个人。

C. 这车子能坐六个人。

D. 这车子会坐六个人。

（4）A. 绿碧碧的

B. 碧绿绿的

C. 碧绿碧绿的

（5）A. 在本子上画画。

B. 搁本子上画画。

C. 跟本子上画画。

（四）朗读短文（400个音节，共30分，限时4分钟）

造纸术的发明，是中国对世界文明的伟大贡献之一。

早在几千年前，我们的祖先就创造了文字。可那时候还没有纸，要记录一件事情，就用刀把文字刻在龟甲和兽骨上，或者把文字铸刻在青铜器上。后来，人们又把文字写在竹片和木片上。这些竹片、木片用绳子穿起来，就成了一册书。但是，这种书很笨重，阅读、携带、保存都很不方便。古时候用"学富五车"形容一个人学问高，是因为书多的时候需要用车来拉。再后来，有了蚕丝织成的帛，就可以在帛上写字了。帛比竹片、木片轻便，但是价钱太贵，只有少数人能用，不能普及。

人们用蚕茧制作丝绵时发现，盛放蚕茧的篾席上，会留下一层薄片，可用于书写。考古学家发现，在两千多年前的西汉时代，人们已经懂得了用麻来造纸。但麻纸比较粗糙，不便书写。

大约在一千九百年前的东汉时代，有个叫蔡伦的人，吸收了人们长期积累的经验，改进了造纸术。他把树皮、麻头、稻草、破布等原料剪碎或切断，浸在水里捣烂成浆；再把浆捞出来晒干，就成了一种既轻便又好用的纸。用这种方法造的纸，原料容易得到，可以大量制造，价格又便宜，能满足多数人的需要，所//以这种造纸方法就传承下来了。

我国的造纸术首先传到邻近的朝鲜半岛和日本，后来又传到阿拉伯世界和欧洲，极大地促进了人类社会的进步和文化的发展，影响了全世界。

（五）命题说话（请在下列话题中任选一个，共30分，限时3分钟）

1. 过去的一年

2. 学习普通话（或其他语言）的体会

2024年普通话水平测试模拟试题（二）

（一）读单音节字词（100个音节，共10分，限时3.5分钟）

贴　吻　抓　略　女　怀　涮　司　还　相
砣　君　岸　存　坡　炕　枕　虐　俩　石
避　夸　停　贵　模　饼　痣　秦　采　叶
凡　掐　孔　丢　惹　卧　婶　姜　广　沓
恋　笙　矿　除　张　籽　嘣　习　漂　那
锌　润　墙　次　涌　餐　绕　将　恶　嘿
面　播　订　牌　兄　物　索　六　否　冲
群　窗　掉　跟　熔　拒　孙　尽　眯　艮
美　院　吃　贰　险　赴　隋　沤　揣　拗
翁　选　造　海　灌　啪　荫　曾　轴　扎

（二）读多音节词语（100个音节，共20分，限时2.5分钟）

警醒　结巴　卡壳　抢购　椰子　磁带　愤怒　光辉　槐树　腰板儿
险滩　自制　起笔　见识　吓唬　美妙　拼搏　收缩　党派　照片儿
请安　昔日　仿佛　成果　创造　女人　侵略　内容　从来　聊天儿
捐款　军装　夸奖　存在　流氓　训练　儿童　缺点　打算　敲门儿
重叠　穷苦　挂号　纠正　旅途　新年　兄弟　虽然　宣布　小曲儿

（三）选择判断（共10分，限时3分钟）

1. 词语判断：请判断并读出下列各组中的普通话词语

（1）背后　巴脊后　背后头

（2）定着　板定　必定

（3）婴儿　小毛头　婴仔

（4）咪　唔通　勿要　别

（5）挤拥　拥挤

（6）别依　别人家　别人

（7）赛过　犹如　犹之乎

（8）生毛病　破病　病

（9）冷衫　毛衣　绒线衫

(10) 相争　争吵　拗事

2. 量词、名词搭配：请搭配并读出下列符合普通话规范的数量名短语（例如：一条鱼）

笔　蚊帐　铲子　椅子　帽子　眼镜　盘子　白天　歌　围棋

支　把　顶　副　个　道

3. 语序或表达形式判断：请判断并读出下列各组中的普通话语句

(1) A. 这辆自行车要一千两百五十元。

B. 这辆自行车要千二五元。

C. 这辆自行车要千二百五元。

(2) A. 把东西递把给他。

B. 把东西递给他。

C. 把东西递把他。

(3) A. 这书包会装得十本书。

B. 这书包能装得十本书。

C. 这书包能装十本书。

D. 这书名会装十本书。

(4) A. 漆黑黑的

B. 漆漆黑黑的

C. 漆黑漆黑的

(5) A. 在桌子上写字。

B. 搁桌子上写字。

C. 跟桌子上写字。

（四）朗读短文（400个音节，共30分，限时4分钟）

不管我的梦想能否成为事实，说出来总是好玩儿的：

春天，我将要住在杭州。二十年前，旧历的二月初，在西湖我看见了嫩柳与菜花，碧浪与翠竹。由我看到的那点儿春光，已经可以断定，杭州的春天必定会教人整天生活在诗与图画之中。所以，春天我的家应当是在杭州。

夏天，我想青城山应当算作最理想的地方。在那里，我虽然只住过十天，可是它的幽静已拴住了我的心灵。在我所看见过的山水中，只有这里没有使我失望。到处都是绿，目之所及，那片淡而光润的绿色都在轻轻地颤动，仿佛要流入空中与心中似的。这个绿色会像音乐，涤清了心中的万虑。

秋天一定要住北平。天堂是什么样子，我不知道，但是从我的生活经验去判断，北平之秋便是天堂。论天气，不冷不热。论吃的，苹果、梨、柿子、枣儿、葡萄，每样都有若干种。论花草，菊花种类之多，花式之奇，可以甲天下。西山有红叶可见，北海可以划船——虽然荷花已残，荷叶可还有一片清香。衣食住行，在北平的秋天，是没有一项不使人满意的。

冬天，我还没有打好主意，成都或者相当地合适，虽然并不怎样和暖，可是为了水仙，素心腊梅，各色的茶花，仿佛就受一点儿寒//冷，也颇值得去了。昆明的花也多，而且天气比成都好，可是旧书铺与精美而便宜的小吃远不及成都那么多。好吧，就暂这么规定：冬天不住成都便住昆明吧。

（五）命题说话（请在下列话题中任选一个，共30分，限时3分钟）

1. 印象深刻的书籍（或报刊）
2. 对团队精神的理解

2024年普通话水平测试模拟试题（三）

（一）读单音节字词（100个音节，共10分，限时3.5分钟）

爬　坡　特　闸　遮　鹅　摸　佛　拜　排
斑　帮　普　拼　蔑　秒　敏　鸣　否　富
岛　短　吨　团　推　填　条　讨　嫩　弄
凝　女　略　卵　留　裂　俩　给　耕　灌
狂　快　垮　黑　很　恒　军　捐　绝　举
穷　睛　秋　期　小　县　虾　心　像　宅
湛　张　场　产　吃　誓　手　刷　仁　让
容　辱　软　闰　尊　嘴　作　祖　奏　机
字　次　聪　促　村　禽　氧　外　窝　鹰
样　眼　殴　贰　俗　缩　岁　孙　蒜　宗

（二）读多音节词语（100个音节，共20分，限时2.5分钟）

群众　脱离　反动　误差　从而　榫头　模仿　适应　尽管　奶嘴儿
认为　侵略　词典　便宜　只好　兄弟　级别　强迫　仔细　串门儿
融化　刮脸　内行　似乎　笨拙　勋爵　拐弯　符合　卡壳　小曲儿
凉快　财政　远祖　称心　狂风　广博　雕塑　迥然　暖和　打鸣儿
久仰　余暇　眉毛　屯扎　盘旋　税收　遵照　补充　流寇　藕节儿

（三）选择判断（共10分，限时3分钟）

1. 词语判断：请判断并读出下列各组中的普通话词语

(1) 早上头　早浪向　朝早　早上

(2) 贼骨头　贼　贼老倌

(3) 男个　丈夫　丈夫佲

(4) 迭个　这　略

(5) 介　个能　这　个样

(6) 个点　个眼　这些

(7) 打金针　针灸　扎干针

(8) 一日到夜　整天

(9) 正在　在咧　等嗳

(10) 整洁　清气相　索利

2. 量词、名词搭配：请搭配并读出下列符合普通话规范的数量名短语（例如：一条鱼）

学校　拖鞋　书包　本子　杯子　刷子　自行车　城市　大雨　茶壶

个　辆　双　把　座　场

3. 语序或表达形式判断：请判断并读出下列各组中的普通话语句

(1) A. 我买了一顶帽子。

B. 我买了一顶帽的。

C. 我买了一顶帽儿。

(2) A. 门上有个眼子。

B. 门上有个眼眼。

C. 门上有个眼儿。

(3) A. 今天上午他来过。

B. 今天上午他有来。

C. 今天上午他有来过。

(4) A. 认认真真

B. 认认真

(5) A. 这天真蓝啊！

B. 这天好好蓝啊！

(四) 朗读短文（400个音节，共30分，限时4分钟）

两百多年前，科学家做了一次实验。他们在一间屋子里横七竖八地拉了许多绳子，绳子上系着许多铃铛，然后把蝙蝠的眼睛蒙上，让它在屋子里飞。蝙蝠飞了几个钟头，铃铛一个也没响，那么多的绳子，它一根也没碰着。

科学家又做了两次实验：一次把蝙蝠的耳朵塞上，一次把蝙蝠的嘴封住，让它在屋子里飞。蝙蝠就像没头苍蝇似的到处乱撞，挂在绳子上的铃铛响个不停。

三次实验的结果证明，蝙蝠夜里飞行，靠的不是眼睛，而是靠嘴和耳朵配合起来探路的。

后来，科学家经过反复研究，终于揭开了蝙蝠能在夜里飞行的秘密。它一边飞，一边从嘴里发出超声波。而这种声音，人的耳朵是听不见的，蝙蝠的耳朵却能听见。超声波向前传播时，遇到障碍物就反射回来，传到蝙蝠的耳朵里，它就立刻改变飞行的方向。

知道蝙蝠在夜里如何飞行，你猜到飞机夜间飞行的秘密了吗？现代飞机上安装了雷达，雷达的工作原理与蝙蝠探路类似。雷达通过天线发出无线电波，无线电波遇到障碍物就反射回来，被雷达接收到，显示在荧光屏上。从雷达的荧光屏上，驾驶员能够清楚地看到前方有没有障碍物，所//以飞机飞行就更安全了。

（五）命题说话（请在下列话题中任选一个，共30分，限时3分钟）

1. 对环境保护的认识
2. 谈传统美德

2024年普通话水平测试模拟试题（四）

（一）读单音节字词（100个音节，共10分，限时3.5分钟）

踹 耍 德 扰 直 返 凝 秋 淡 丝
炯 粗 袄 翁 癣 儿 履 告 筒 猫
囊 驯 辱 碟 拴 来 顶 墩 忙 哀
霎 果 憋 捺 装 群 精 唇 亮 馆
符 肉 梯 船 溺 北 剖 民 邀 旷
暖 快 洒 除 缺 杂 搜 税 脾 锋
日 贼 孔 哲 许 尘 谓 忍 填 颇
残 涧 穷 歪 雅 提 凑 怎 出 冷
躬 莫 虽 绢 控 伙 聘 英 条 笨
敛 墙 岳 黑 巨 访 自 毁 郑 浑

（二）读多音节词语（100个音节，共20分，限时2.5分钟）

卡车 采用 恐怕 病床 抹杀 诽谤 杨柳 推广 乐园 春卷儿
酿造 裙子 请帖 死亡 初恋 利害 下来 笸箩 穷困 上座儿
某些 取消 耳朵 殉职 捐献 敏锐 印刷 暖和 求学 围脖儿
增长 选举 蒜黄 柏树 表达 给以 忍受 可能 辅导 纳闷儿
反动 窟窿 此外 价格 指定 挂帅 桑蚕 奶粉 拼命 绕远儿

（三）选择判断（共10分，限时3分钟）

1. 词语判断：请判断并读出下列各组中的普通话词语

(1) 口袋 袋袋 袋仔

(2) 来得及 会赴 来得察

(3) 篮子 篮仔 篮头

(4) 老大妈 老阿婆 娭毑

(5) 老鼠 老虫 乌鼠

(6) 老太太 老阿婆 伯爷婆

(7) 可是 但系 唔久

(8) 可口 上口 好味

(9) 木材 柴料

(10) 难堪　吃勿消　否势

2. 量词、名词搭配：请搭配并读出下列符合普通话规范的数量名短语（例如：一条鱼）

订书机　计算器　钢笔　桌子　窗子　操场　灯泡　椅子　种子　大锅

张　个　把　支　粒　口

3. 语序或表达形式判断：请判断并读出下列各组中的普通话语句

（1）A. 我买了一条裙子。

B. 我买了条裙的。

C. 我买了一条裙儿。

（2）A. 有一窝鸡都让狐狸吃了。

B. 有一窝鸡都让狐的吃了。

C. 有一窝鸡都让狐子给吃了。

（3）A. 这朵花真好看。

B. 朵花真好看。

（4）A. 二比二

B. 两比两

（5）A. 他不会不来。

B. 他不能不来。

（四）朗读短文（400个音节，共30分，限时4分钟）

徐霞客是明朝末年的一位奇人。他用双脚，一步一步地走遍了半个中国大陆，游览过许多名山大川，经历过许多奇人异事。他把游历的观察和研究记录下来，写成了《徐霞客游记》这本千古奇书。

当时的读书人，都忙着追求科举功名，抱着"十年寒窗无人问，一举成名天下知"的观念，埋头于经书之中。徐霞客却卓尔不群，醉心于古今史籍及地志、山海图经的收集和研读。他发现此类书籍很少，记述简略且多有相互矛盾之处，于是他立下雄心壮志，要走遍天下，亲自考察。

此后三十多年，他与长风为伍，云雾为伴，行程九万里，历尽千辛万苦，获得了大量第一手考察资料。徐霞客日间攀险峰，涉危涧，晚上就是再疲劳，也一定录下当日见闻。即使荒野露宿，栖身洞穴，也要"燃松拾穗，走笔为记"。

徐霞客的时代，没有火车，没有汽车，没有飞机，他所去的许多地方连道路都没有，加上明朝末年治安不好，盗匪横行，长途旅行是非常艰苦又非常危险的事。

有一次，他和三个同伴到西南地区，沿路考察石灰岩地形和长江源流。走了二十天，一个同伴难耐旅途劳顿，不辞而别。到了衡阳附近又遭遇土匪抢劫，财物尽失，还险//些被杀害。好不容易到了南宁，另一个同伴不幸病死，徐霞客忍痛继续西行。到了大理，最后一个同伴也因为吃不了苦，偷偷地走了，还带走了他仅存的行囊。但是，他还是坚持目标，继续他的研究工作，最后找到了答案，推翻历史上的错误，证明长江的源流不是岷江而是金沙江。

（五）命题说话（请在下列话题中任选一个，共30分，限时3分钟）

1. 我喜爱的植物
2. 我所在的学校（或公司、团队、其他机构）

2024 年普通话水平测试模拟试题（五）

（一）读单音节字词（100 个音节，共 10 分，限时 3.5 分钟）

啪 鹤 挠 肆 都 质 逮 雷 苦 奴
孙 任 砣 翁 愣 攻 鲵 俩 且 留
刁 停 相 凸 挎 锅 踹 荒 略 选
军 润 尾 座 雄 丙 贱 犁 插 铐
唐 秒 若 穷 心 染 集 聪 撞 栓
脆 需 券 光 卵 怀 补 面 嘭 蚌
盯 喜 鳃 涩 叁 患 霜 幅 拈 名
申 祝 临 盼 碑 榻 拨 次 走 裆
假 摸 子 贰 诗 瘸 尊 举 妞 隋
磕 讯 歪 蹑 风 农 丑 罚 瘫 凉

（二）读多音节词语（100 个音节，共 20 分，限时 2.5 分钟）

滑冰 恐怕 确定 中餐 来信 波谷 俏皮 墓碑 迥然 应名儿
乐观 暂时 保送 奶茶 废品 场景 回答 通讯 暖和 死扣儿
破坏 耳朵 增加 凶猛 选读 运载 操劳 贵族 谢绝 藕节儿
漂亮 欺骗 平均 广泛 说服 原油 齿轮 歌曲 群众 蒜瓣儿
田野 容易 恍惚 奖赏 娇嫩 挂钩 恳求 接洽 授予 小曲儿

（三）选择判断（共 10 分，限时 3 分钟）

1. 词语判断：请判断并读出下列各组中的普通话词语

（1）手绢　绢头　毛巾仔

（2）水泥　水门汀　士敏土

（3）说话　讲说话　话事

（4）似乎　像煞　似如

（5）随便　是但　求其

（6）同年　平岁　细个时

（7）头脑　头脑子

（8）晚饭　夜饭　暗顿

（9）整个　归两个　成个

(10) 芝麻　油蒜

2. 量词、名词搭配：请搭配并读出下列符合普通话规范的数量名短语（例如：一条鱼）

矿泉水　相框　电脑　拖鞋　柜子　自行车　操场　毛笔　手套　蜡烛
　　个　台　双　辆　支　瓶

3. 语序或表达形式判断：请判断并读出下列各组中的普通话语句

(1) A. 说话起来没个完。

B. 说起话来没个完。

(2) A. 我们去问他。

B. 我们来问他。

C. 我们去问他来。

(3) A. 我吃不到荔枝。

B. 我吃没有荔枝。

(4) A. 我从湖南来。

B. 我朝湖南来。

C. 我赶湖南来。

(5) A. 他吃着饭呢。

B. 他吃饭着呢。

C. 他吃着饭在。

(四) 朗读短文（400个音节，共30分，限时4分钟）

我打猎归来，沿着花园的林荫路走着。狗跑在我前边。

突然，狗放慢脚步，蹑足潜行，好像嗅到了前边有什么野物。

我顺着林荫路望去，看见了一只嘴边还带黄色、头上生着柔毛的小麻雀。风猛烈地吹打着林荫路上的白桦树，麻雀从巢里跌落下来，呆呆地伏在地上，孤立无援地张开两只羽毛还未丰满的小翅膀。

我的狗慢慢向它靠近。忽然，从附近一棵树上飞下一只黑胸脯的老麻雀，像一颗石子似的落到狗的跟前。老麻雀全身倒竖着羽毛，惊恐万状，发出绝望、凄惨的叫声，接着向露出牙齿、大张着的狗嘴扑去。

老麻雀是猛扑下来救护幼雀的。它用身体掩护着自己的幼儿……但它整个小小的身体因恐怖而战栗着，它小小的声音也变得粗暴嘶哑，它在牺牲自己！

在它看来，狗该是多么庞大的怪物啊！然而，它还是不能站在自己高高的、安全的树枝上……一种比它的理智更强烈的力量，使它从那儿扑下身来。

我的狗站住了，向后退了退……看来，它也感到了这种力量。

我赶紧唤住惊慌失措的狗，然后我怀着崇敬的心情，走开了。

是啊，请不要见笑。我崇敬那只小小的、英勇的鸟儿，我崇敬它那种爱的冲动和力量。

爱，我//想，比死和死的恐惧更强大。只有依靠它，依靠这种爱，生命才能维持下去，发展下去。

（五）命题说话（请在下列话题中任选一个，共30分，限时3分钟）

1. 我欣赏的历史人物

2. 尊敬的人

参 考 文 献

[1] 国家语委普通话与文字应用培训测试中心. 普通话水平测试实施纲要（2021版）[M]. 北京：语文出版社，2022.

[2] 湖南省普通话培训测试中心，陈晖. 普通话测试与训练[M]. 长沙：湖南大学出版社，2011.

[3] 单明，吴儒敏，安徽省普通话培训测试中心. 计算机辅助普通话水平测试应用手册[M]. 合肥：安徽文艺出版社，2010.

[4] 宋欣桥. 普通话水平测试员实用手册[M]. 北京：商务印书馆，2003.